Bayes-Entscheidungen bei unscharfer Problembeschreibung

Europäische Hochschulschriften

Publications Universitaires Européennes
European University Studies

Reihe V

Volks- und Betriebswirtschaft

Série V   Series V

Sciences économiques, gestion d'entreprise
Economics and Management

Bd./Vol. 279

PETER D. LANG
Frankfurt am Main · Bern · Cirencester/U.K.

Goetz Sommer

Bayes-Entscheidungen bei unscharfer Problembeschreibung

PETER D. LANG
Frankfurt am Main · Bern · Cirencester/U.K.

CIP-Kurztitelaufnahme der Deutschen Bibliothek

Sommer, Goetz:

Bayes-Entscheidungen bei unscharfer Problem=
beschreibung / Goetz Sommer. - Frankfurt am
Main, Bern, Cirencester/U.K. : Lang, 1980.
  (Europäische Hochschulschriften : Reihe 5,
  Volks- u. Betriebswirtschaft ; Bd. 279)
  ISBN 3-8204-6065-9

ISBN 3-8204-6065-9

© Verlag Peter D. Lang GmbH, Frankfurt am Main 1980

Druck: fotokop Wilhelm Weihert KG, Darmstadt

Meinen Freunden in
Bautzen
gewidmet

Inhaltsverzeichnis

1. Zum Unschärfephänomen   11

    1.1 Entscheidung als Problemlösungsprozeß   11

         1.1.1 Entscheidungsprozesse   11
         1.1.2 Einflüsse unscharfer Problembeschreibungen   13

    1.2 Gang der vorliegenden Untersuchung   17

    1.3 Unscharfe Mengen   18

2. Bayes-Entscheidungen bei unscharfer Problembeschreibung   21

    2.1 Einführung: Das klassische Modell   21

         2.1.1 Die formale Vorgehensweise   21
         2.1.2 Schwächen des klassischen Modells und Vor-   23
                schau auf Modellmodifikationen

    2.2 Bayes-Analyse im Rahmen des klassischen Entscheidungs-   24
         modells

         2.2.1 Die formale Vorgehensweise   24
         2.2.2 Schwächen des Bayes-Ansatzes und Vorschau   25
                auf Modellmodifikationen

    2.3 Unscharfe Ereignisse   26

         2.3.1 Definitionen und Notationen   27

                2.3.1.1 Der axiomatische wahrscheinlichkeits-   27
                         theoretische Ansatz
                2.3.1.2 Der Übergang zu unscharfen Ereignissen   29

         2.3.2 Zur semantischen Interpretation eines unschar-   30
                fen Ereignisses

2.4 Stochastische Entscheidungsmodelle mit unscharfen   32
Problemkomponenten

  2.4.1 Die theoretische Konzeption   32

    2.4.1.1 Die Berücksichtigung unscharfer   32
            Problemkomponenten A und F

    2.4.1.2 Das stochastische Grundmodell der   35
            Optimumbestimmung bei unscharfer Pro-
            blembeschreibung

        2.4.1.2.1 Modellkomponenten und   35
                  Optimumbestimmung

        2.4.1.2.2 Eine Analyse dieses Grund-   37
                  modells

    2.4.1.3 Implementierung des Bayes Ansatzes mit   39
            scharfer Informationenmenge

        2.4.1.3.1 Modellkomponenten   39
        2.4.1.3.2 Ermittlung des Optimums   40
        2.4.1.3.3 Vergleichende Analyse und   40
                  Interpretation dieses
                  Bayes-Ansatzes

    2.4.1.4 Eine generelle Bayes-Analyse bei un-   43
            scharfer Problembeschreibung

        2.4.1.4.1 Modellkomponenten   44
        2.4.1.4.2 Ermittlung des Optimums   44

    2.4.1.5 Eine abschließende Analyse   46

  2.4.2 Die Auswahl optimaler Investitionsalternativen   49
      als Beispiel

    2.4.2.1 Das stochastische Grundmodell   49
    2.4.2.2 Das um scharfe Randinformationen er-   53
            weiterte Grundmodell
    2.4.2.3 Das um unscharfe Randinformationen er-   61
            weiterte Grundmodell

2.4.3 Grundzüge eines Verfahrens zur Ermittlung   66
der durchzusetzenden (scharfen) Aktion aus
der optimalen unscharfen Aktion

     2.4.3.1   Idee und Grobdesign des Verfahrens   66
     2.4.3.2   Der formale Ablauf des Verfahrens   71
     2.4.3.3   Eine Prämissenkritik   73
     2.4.3.4   Zur Ermittlung von Nutzenziffern neu   74
     definierter Aktionen
     2.4.3.5   Darstellung am Investitionsbeispiel   77

2.5   Ergebnisse der unscharfen Bayes-Analyse   85

     2.5.1   Kriterien für die Güte unscharfer Bayes-   86
     Analysen

         2.5.1.1   Informationswertschätzung mit Hilfe   86
         des Bayesschen Theorems

             2.5.1.1.1   Die theoretische Konzeption   86
             2.5.1.1.2   Darstellung am Investitions-   88
             beispiel

         2.5.1.2   Entropie als Unsicherheitsmaß für die   89
         Realisation von Zuständen

             2.5.1.2.1   Die theoretische Konzeption   89
             2.5.1.2.2   Interpretation und Dar-   104
             stellung am Investitions-
             beispiel

     2.5.2   Zwei Spezialfälle der Bayes-Formel im unschar-   108
     fen Fall

3.   Zusammenfassung   110

The closer one looks at a
real-world problem, the
fuzzier becomes its solution.

Zadeh, 1973

Vorwort

Voraussetzung für die modellhafte Beschreibung und eventuell anschließende Analyse oder Optimierung von Systemen oder Problemstellungen ist ein methodisches Instrumentarium, das auf der einen Seite eine der realen Situation adäquate Formulierung zuläßt und das auf der anderen Seite eine Anwendung effizienter - meist mathematischer - Lösungsmethoden gestattet.

Diese Bedingungen sind bestenfalls dann erfüllt, wenn sich der reale Sachverhalt durch deterministische Modelle adäquat beschreiben läßt. Dies impliziert jedoch im allgemeinen, daß der zu formulierende Tatbestand eine "entweder - oder" - Struktur aufweist, d.h. zum Beispiel, daß "scharf" definiert werden kann, welche Lösung zulässig, welche unzulässig sind, welche Lösung besser und welche schlechter ist.

Viele Problemstellungen der Praxis liegen in einer Form vor, die zunächst eine solche mathematische Formulierung nicht zuläßt. Der Grund hierfür liegt in der Unschärfe der Problemformulierungen. Wenn hier von "Unschärfe" gesprochen wird, so ist damit weder eine Ungenauigkeit aufgrund ungenügender Meßmethoden, noch die im stochastischen Charakter solcher Aussagen liegende, oft unbefriedigende, Aussagekraft gemeint. Hier ist vielmehr eine Unschärfe angesprochen, die ihre Wurzeln entweder in der Unfähigkeit des Problemstellers hat, eine Zielfunktion, eine Beschränkung oder einen Zusammenhang exakt zu definieren (z.B. aufgrund unzureichender Information über zugrundeliegende Nutzenfunktionen), oder aber in der Tatsache, daß das gesamte Problem oder Teile davon als solche nur unscharf zu beschreiben sind.

Probleme der Beschreibung, Identifikation und Klassifizierung
unscharfer Phänomene findet man sehr oft auf dem Gebiet der
Zeichenerkennung (Klarschriftleser etc.). Es ist daher nicht
überraschend, daß im Zusammenhang mit diesem Gebiet und der
Systemtheorie in der Mitte der 60 -er Jahre das Konzept und
die grundlegenden Theoreme der Theorie unscharfer Mengen
(Fuzzy Sets) entwickelt wurden. Das hiermit vorgeschlagene
Konzept ähnelt zwar in manchen Beziehungen der bereits seit
langem bekannten Wahrscheinlichkeitstheorie, ist mit ihm jedoch sicherlich nicht identisch. Im allgemeinen schließt so-
gar der Begriff der Unschärfe, wie er in der Theorie unscharfer Mengen benutzt wird, gerade die Vagheit aus, die stochastischen Charakter hat, und für die bereits eine zufrieden-
stellende Theorie vorhanden ist. Das schließt natürlich nicht
aus, daß gewisse Phänomene, Probleme oder Modelle sowohl unscharf im Sinne der Theorie unscharfer Mengen als auch sto-
chastisch sind.

Die Zahl der Veröffentlichungen auf dem Gebiet der unscharfen
Mengen ist in den letzten Jahren explosionsartig gestiegen.
Leider gilt dies nicht für den deutschsprachigen Raum. Es ist
daher sehr zu begrüßen, daß sich Herr Dr. Sommer, der sich
seit geraumer Zeit sowohl mit der Theorie unscharfer Mengen,
wie auch mit stochastischen Problemstellungen befaßt hat,
einen ersten Schritt tut, diese offensichtliche Lücke zu füllen.
Er hat dafür ein Gebiet ausgewählt, daß von besonderer Relevanz
ist, nämlich die menschliche Entscheidungsfällung. Hier spielen sowohl Phänomene der Unschärfe, als auch Aspekte der Ungewißheit im stochastischen Sinne eine große Rolle. Die vorliegende Monographie führt den Leser zunächst in die Gedanken-
gänge der Theorie unscharfer Mengen ein und zeigt dann ihre
Anwendungsmöglichkeiten bei Risikoentscheidungen auf. Es werden zwar dabei vom Leser grundlegende Kenntnisse der Wahr-

scheinlichkeitstheorie vorausgesetzt; dem etwas quantitativ
orientierten Leser dürfte es aber nicht schwerer fallen,
den sehr klaren Ausführungen des Autors von Anfang bis Ende
zu folgen.

Es bleibt nur zu wünschen, daß das vorliegende Buch
einen interessierten Leserkreis finden möge, und daß dadurch
auch dem deutschsprachigem Raum ein vielversprechender neuer
Ansatz vorgestellt werden möge.

Aachen, im März 1980   H.-J. Zimmermann

1. Zum Unschärfephänomen

In der vorliegenden Arbeit wird versucht, einen Beitrag zu einer
recht jungen entscheidungstheoretischen Teildisziplin zu liefern,
nämlich zur Entscheidungsfindung bei unscharfer Problembeschreibung im Rahmen stochastischer Modelle.

1.1 Entscheidung als Problemlösungsprozeß

1.1.1 Entscheidungsprozesse

"Die Entscheidung ist ein Kernproblem des Wirtschaftens in der
Unternehmung"[1]. Die Allgemeine Betriebswirtschaftslehre behan-
delt Probleme betrieblicher Entscheidungsfindung vornehmlich in
der Lehre von der Unternehmungs- oder Betriebswirtschaftspoli-
tik[2]. Wir betrachten nach N. Szyperski und U. Winand den Begriff 'Entscheidung' "... nicht nur alleine als punktuelles Ereignis, sondern als Ergebnis eines Prozesses"[3] und stellen zunächst diesen Prozeß dar. In der einschlägigen Literatur sind
dazu viele Vorschläge beschrieben[4]; jede Darstellungsart basiert dabei auf einem anderen Blickwinkel[5]. E. Witte falsifi-
ziert jedoch, daß der "... Entscheidungsprozeß aus einer bestimmten Zahl voneinander abgrenzbarer Phasen unterschiedlichen Denk-

---

[1] [GRÜ]-69, Sp. 474

[2] Genannt seien dazu die grundlegenden Werke von C. Sandig [SAN]-53 und
E. Gutenberg [GUT]-62.

[3] [SZW]-74, S. 6

[4] Als eine Auswahl behandeln Szyperski und Winand in [SZW]-74, S. 8ff. die
Phasenschemata von M. Irle, [IRL]-71, S. 45ff., von H.A. Simon, [SIM]-60,
S. 1ff. und von N. Szyperski aus [SZY]-71, S. 42ff.; unsere im folgenden
dargestellte Konzeption entspricht im wesentlichen der von T.P. Frenckner
aus [FRE]-57, S. 90., vgl. dazu auch die Ausführungen von W. Kern in [KER]-74,
S. 23.

[5] Diese unterschiedlichen Blickwinkel herauszuarbeiten erübrigt sich im Rahmen der Thematik der vorliegenden Arbeit. O. Grün gibt in [GRÜ]-69 dazu eine
umfassende Darstellung.

und Tätigkeitsgehalts ..."[1] bestehe[2], sodaß Unterteilungen dieser Art stets künstlich und willkürlich anmuten[3].

Allen Phasenschemata ist jedoch prinzipiell die folgende Struktur gemein, wenn es sich um ein Entscheidungsproblem handelt, das quantitativ gelöst werden soll:[4]

(a) Beschreibung und verbale Formulierung des Problems sowie Bereitstellung der zur Lösung notwendigen Daten

(b) Analyse und Quantifizierung der Zusammenhänge in der Problemstellung sowie Konstruktion eines dem Problem isomorphen[5] mathematischen, mathematisch-statistischen oder logischen Modells

(c) Entwicklung einer modelladäquaten Lösungsmethode und Berechnung des Optimums

(d) Interpretation dieses Optimums als Lösung des eingangs verbal formulierten Problems

Die unter (a) beschriebene Formulierung bezeichnen wir als das Realproblem. Das dazu äquivalente mathematische Modell nennen wir dann Formalproblem. Dabei liege das Formalproblem schon in der mathematischen Struktur vor, auf welche ein vorhandenes mathematisches Verfahren sofort angewendet werden kann[6]. Das Optimum der in (c) entwickelten Methode wird mit Formallösung bezeichnet und besteht aus Ausprägungen[7] der Variablen[8] im Formalproblem.

---

[1] Vgl. [WIT]-68b, S. 625ff, bzw. [WIT]-68a

[2] Man bezeichnete dies auch als das "Theorem der Entscheidungs-Phasen".

[3] Vgl. [SZW]-74, S. 6

[4] Dieses Phasenschema geht auf W. Kern zurück. Vgl. [KER]-74, S. 23

[5] Wir vermeiden im folgenden den Begriff "Isomorphie" als Eigenschaftsmerkmal des Zusammenhangs zwischen Real- und Formalproblem. Wir sprechen an seiner Stelle stets von Äquivalenz; bezeichnen demnach also ein Formalproblem, welches ein zugehöriges Realproblem realitätskonform abbildet, als dessen äquivalentes Formalproblem.

[6] Mathematische Verfahren zur quantitativen Lösung ökonomischer Realprobleme bietet die Wissenschaftsdisziplin des Operations Research an. Zu einer umfassenden modernen Operations Research-Methodologie siehe [WHI]-75.

[7] Ein fester Wert einer Variablen wird mit Ausprägung dieser Variablen bezeichnet.

[8] Variable des Formalproblems nennen wir Entscheidungsvariable.

Die Lösung des Realproblems ist dann die entsprechend verbal artikulierte Interpretation der Formallösung.

Eine derartige Abfolge von Denk- und Tätigkeitsgehalten wird in der Literatur vorherrschend mit dem Begriff "Entscheidungsprozeß" belegt[1].

1.1.2 Einflüsse unscharfer Problembeschreibungen

Die größte Schwierigkeit in der Durchführung des Entscheidungsprozesses dürfte die Herstellung der Äquivalenz von Real- und Formalproblem[2] sein; vor allem dann, wenn die verbalen Artikulationen des Realproblems nicht ausschließlich deterministischer Natur sind. H.-J. Zimmermann und W. Rödder[3] kennzeichnen mindestens vier Situationen, in denen eine scharfe[4] Beschreibung nicht möglich ist:

(a) Stochastische Systeme bzw. Entscheidungssituationen bei Ungewißheit,

(b) Situation oder Systeme, die zum Teil unscharf zu beschreibende Phänomene umfassen,

---

[1] Vgl. dazu insbesondere [WIT]-69; auf weitere Aspekte, insbesondere auf die Organisationsformen von Entscheidungsprozessen in zeitlicher, räumlicher und personal-bezogener Art gehen wir im Rahmen der Thematik der vorliegenden Arbeit nicht ein.

[2] Ein Entscheidungsmodell nach W. Dinkelbach [DIN]-69, Sp. 485 kennt diese Schwierigkeit nicht. Er versteht unter einem Entscheidungsmodell ein "... formales System, dessen Anwendungsmöglichkeiten zunächst nicht spezifiziert zu werden brauchen ...". Ein derartiges Entscheidungsmodell ist demnach - in unserer Terminologie - ein Formalproblem ohne direkten Bezug zu einem Realproblem.

[3] Vgl. [RÖZ]-77, S. 1f.

[4] Der Begriff der "scharfen Beschreibung von Situationen" wird jedoch nicht explizit präzisiert. Die folgenden vier Merkmale stellen insofern eine implizite Begriffserklärung dar.

(c) Situationen in denen die Unschärfe menschlicher Empfindung
     eine wesentliche Rolle spielen,

(d) Situationen oder Systeme, in denen die Interdependenzen zwi-
     schen den einzelnen Komponenten nicht scharf formulierbar
     sind.

Die unter (a) angesprochenen Systeme sind stochastischer Natur;
ihr vorherrschendes Phänomen ist nur das des Zufalls. Mit derartigen Entscheidungssituationen beschäftigen wir uns im Rahmen dieser Arbeit nicht[1]. Wir diskutieren vielmehr Systeme der Art (b),
(c) und (d). Das dort zu beobachtende vorherrschende Phänomen ist
die Unschärfe. Nach [ZIM]-76b lassen sich drei Stufen der Unschärfe unterscheiden:

     - die objektinhärente Unschärfe,

     - die konzeptuelle Unschärfe und

     - die verbale Unschärfe

Als objektinhärent wird eine Unschärfe bezeichnet, die in Bezug
auf den zu beschreibenden Gegenstand unvermeidbar ist[2]. Die kon-
zeptuelle Unschärfe bezieht sich auf unscharf beschriebene menschliche Vorstellungen, sei es durch Akzeptanzbereiche wie "x should
be in the vicinity of 11"[3] oder durch mangelnden Informationsstand oder Kontextabhängigkeit wie "the level of business activity
will be very high"[4]. Unschärfe ist schließlich auch auf rein
verbaler Ebene aus sprachökonomischen Gründen - in dem man auf un-
nötige Details verzichtet - und aus gewollter Unklarheit - Lüge,

---

[1] vgl. dazu die ausführlichen Darstellungen von H. Schneeweiß in [SWE]-67 und
     die dort aufgeführte Literatur

[2] Dafür wird in [ZIM]-76b die Heisenbergsche Unschärferelation als Beispiel
     genannt.

[3] [ZIM]-76a, S. 211

[4] [TOA]-76, S. 25

Wortspiel - zu verzeichnen. Wir beschäftigen uns in dieser Arbeit mit der Behandlung der konzeptuellen Unschärfe in Entscheidungsprozessen.

Es erscheint erstaunlich, daß sich die Betriebswirtschaftslehre mit dem Phänomen der Unschärfe in Entscheidungsprozessen bis dato nicht beschäftigt hat, obwohl sich gerade Betriebswirte oft unscharf auszudrücken pflegen[1], bzw. konzeptuell eine scharfe sprachliche Artikulation überhaupt nicht möglich ist[2]. Dies gilt vor allem dann, wenn große komplexe Entscheidungssituationen zu analysieren sind. L.A. Zadeh umschreibt dies mit "Prinzip der Inkompatibilität"[3].

Entscheidungsprozesse, die das Unschärfephänomen berücksichtigen, werden wir in der vorliegenden Arbeit mit dem Terminus "Entscheidungsfindungsprozesse" belegen[4]. Die Berücksichtigung der Unschärfe taucht an zwei Stellen des in 1.1.1 konzipierten Phasenschemas (a) bis (d) auf. Zunächst muß für das unscharf beschriebene Realproblem ein äquivalentes Formalproblem gefunden werden; dazu greifen wir den Lösungsvorschlag von H.-J. Zimmermann und W. Rödder[5] auf und bedienen uns des von L.A. Zadeh eingeführten Konzepts unscharfer Mengen[6]. Dann ist das Formalproblem seinerseits von scharfer Natur und herkömmlicher mathematischer Analyse zugänglich.[7]

---

[1] So spricht C. Sandig beispielsweise in einer Abgrenzung von Zielsetzungen und Entscheidungen in [SAN]-53, S. 21 von 'großem' Umsatz, 'kleinen' Nutzen etc...
E. Gutenberg schreibt im Rahmen einer Abhandlung über den Entscheidungsprozeß in [GUT]-62, S. 79 von der Planung einer 'großen' Investition oder einer Preissenkung 'großen Ausmaßes'.

[2] Zunächst haben sich Psychologen mit diesem Phänomen beschäftigt, vgl. [SHE]-54. Sie stellten insbesonders quantitative Untersuchungen über die Bedeutung von Adverbien wie 'sehr', 'ziemlich' etc. an. Derartige unscharfe Phänome diskutieren wir jedoch in dieser Arbeit nicht. Vgl. dazu [GOG]-68, [KOB]-74, [ZAD]-73 a

[3] "The closer one looks at a real-world problem, the fuzzier becomes its solution"[ZAD]-73a, S.28 , vgl. dazu auch [YAB]-75, S. 590

[4] Dieser Terminus liegt auch [SOM]-77a zugrunde.

[5] Vgl. [RÖZ]-77, S. 3

[6] Vgl. [ZAD]-65

[7] Wir übernehmen die von H.-J. Zimmermann und W. Rödder in (b) ... (d) implizit gegebene Bestimmung des Begriffs der Unschärfe. Als Gegensatz dafür bezeichnen wir Situationen, Modelle oder verbale Beschreibungen als "scharf", in denen das in (b) ... (d) genannte Phänomen nicht erscheint.

16

Die Berücksichtigung der Unschärfe taucht schließlich bei der Interpretation der Formallösung auf. Zum einen kann die optimale
Lösung selbst in einer unscharfen Menge zum Ausdruck kommen und -
sollte dies nicht der Fall sein - muß die Formallösung wenigstens
im Rahmen des gesamten Kontextes des unscharf formulierten Realproblems interpretiert werden.

Abschließend stellen wir die Struktur eines Entscheidungsfindungsprozesses in der Abbildung 1 dar.

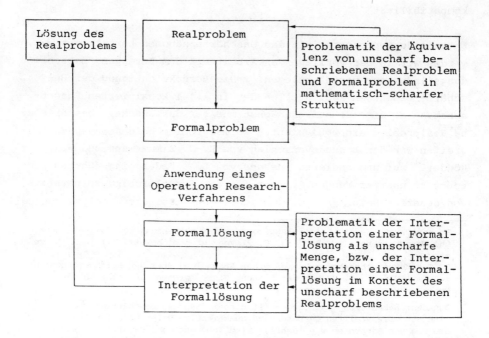

Abb. 1: Struktur eines Entscheidungsfindungsprozesses

1.2 Gang der vorliegenden Untersuchung

Nachdem wir im nächsten Abschnitt die erforderlichen mathematischen Grundlagen in einigen Definitionen und Notationen gegeben haben, diskutieren wir eine Reihe von verschiedenen mathematischen Modellen mit unscharfen stochastischen Realproblembeschreibungen.

Ausgehend vom Grundmodell der normativen Entscheidungstheorie werden Modelle entwickelt, in denen auch unscharfe Aussagen über Umweltzustände, Entscheidungsalternativen und Informationen einem mathematischen Kalkül zugänglich gemacht werden. In diesem Fall ist die optimale Lösung oft ebenfalls durch eine unscharfe Aussage gekennzeichnet. Wir schlagen jedoch ein Verfahren vor, das aus einer optimalen unscharfen Lösung unter gewissen Bedingungen die durchzusetzende (scharfe) Lösung ermittelt.

An Beispielen wird dabei stets die jeweilige theoretische Konzeption illustriert.

1.3 Unscharfe Mengen

Mit Hilfe des Konzepts unscharfer Mengen ist der Eingang unscharfer Aussagen in mathematische Kalküle möglich geworden.[1] Wir geben im folgenden die in der vorliegenden Arbeit benutzten Symbole, Definitionen und Notationen für unscharfe Mengen an.

Gegeben sei eine Menge $Y = \{y\}$. Eine unscharfe Menge X auf Y ist eine Menge von Zweitupeln mit den Elementen von Y als erster Komponenten und einem Funktionswert $\mu_X(y)$ als zweiter Komponenten.

$$X = \{(y, \mu_X(y)) \mid y \in Y\} \tag{1}$$

Man nennt μ_X die Zugehörigkeitsfunktion von X. Dabei ist μ_X als

$$\mu_X: Y \to [o,1] \quad ^{2)} \tag{2}$$

definiert. $\mu_X(y)$ stellt den Grad der Zugehörigkeit von y zu X dar.[3] Diese Konzeption gestattet zunächst einmal die formale Beschreibung unscharfer Aussagen. Soll beispielsweise ein Formalismus für die Aussage:

> "Akzeptabler Tarifabschluß für
> beide Tarifpartner in %"

gesucht werden, so wird zunächst die Menge Y definiert:

$$y \in Y = [0,8]$$

Jeder dieser Werte y erfährt seitens seiner Akzeptanz als Tarifabschluß eine unterschiedliche Bewertung $\mu_X(y)$.

---

[1] Dieses Konzept geht auf L.A. Zadeh zurück. Eine unscharfe Menge wurde von ihm erstmals 1965 definiert. Vgl. [ZAD]- 65, S. 339

[2] In diesem Fall heißt μ_X bereits normalisierte Zugehörigkeitsfunktion. Wir arbeiten stets mit derartigen Zugehörigkeitsfunktionen, vgl. [ZIM]- 76c, S. 457.

[3] Vgl. [ZIM]-75, S. 786

$$\mu_X(y) = \begin{cases} 0 & \text{für } y < 1 \\ {}^1/_3 y - {}^1/_3 & \text{für } y \in [1,4) \\ 1 & \text{für } y \in [4,5) \\ -{}^1/_2 y + {}^7/_2 & \text{für } y \in [5,7) \\ 0 & \text{für } y \geq 7 \end{cases} \qquad (3)$$

Die Funktion $\mu_X(y)$ läßt sich dann anschaulich wie in Abbildung 2 darstellen.

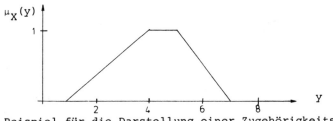

Abbildung 2: Beispiel für die Darstellung einer Zugehörigkeits-funktion

(3) stellt eine Interpretation der unscharfen Menge X aller "akzeptablen Tarifabschlüsse" dar.

Ferner benötigen wir den Begriff der stützenden Menge und der α-Niveau Menge einer unscharfen Menge X. Die stützende Menge S(X) ist durch

$$S(X) = \{y \mid \mu_X(y) > 0\} \qquad (4)$$

definiert[1]. In ähnlicher Weise ist die α-Niveau Menge definiert:

$$S^\alpha(X) = \{y \mid \mu_X(y) \geq \alpha\} \quad , \qquad \alpha \in [0,1] \qquad (5)$$

Man beachte, daß S(X) und $S^\alpha(X)$ scharfe Mengen sind.

---

[1] Vgl. [ZIM]-75, S. 787

Schließlich benötigen wir noch den Begriff der Orthogonalität[1] von unscharfen Mengen. Er wird definiert:

$$\mu_1(y),\ \mu_2(y),\ \ldots,\ \mu_{\bar{v}}(y) \quad \text{heißen orthogonal, wenn}$$

$$\forall\ y \in Y: \quad \sum_{v=1}^{\bar{v}} \mu_v(y) = 1$$

Dieser Begriff erlangt bei der Diskussion unscharfer stochastischer Entscheidungsmodelle Bedeutung.

---

[1] Dieser Begriff als Bezeichnung des hier dargestellten mathematischen Sachverhalts geht auf H. Tanaka, T. Okuda und K. Asai zurück. Vgl. [OTA]-74, S. 3 oder [TOA]-76, S. 26

2. Bayes-Entscheidungen bei unscharfen Problembeschreibungen

2.1 Einführung: Das klassische Modell[1)]

2.1.1. Die formale Vorgehensweise

Vier Komponenten beschreiben das Grundmodell der normativen Entscheidungstheorie:

(1) Mindestens zwei sich gegenseitig ausschließende Aktionen bilden den endlichen Aktionenraum D. Das Ziel ist es, aus der gegebenen Aktionenmenge

$$D = \{d_1, d_2, \ldots, d_h, \ldots, d_{\bar{h}}\}$$

nach geeigneten, später noch näher zu analysierenden Kriterien eine Aktion $d_o \in D$ als optimale[2)] auszuwählen.

(2) Mindestens zwei Umweltzustände s_k bilden den endlichen Zustandsraum S.

$$S = \{s_1, s_2, \ldots, s_k, \ldots, s_{\bar{k}}\}$$

(3) Es liegen Wahrscheinlichkeiten $W(s_k)$ für den Eintritt eines Umweltzustandes vor.[3)]

(4) Das Ergebnis einer jeden Entscheidung d_h wird durch den eintretenden Umweltzustand s_k beeinflußt. Kennzeichnen wir ein Ergebnis durch das Zweitupel

$$(d_h, s_k) \in D \times S$$

[1)] Vgl. dazu [CHM]-67, [SWE]-67, 2. Kap., [GÄF]-74, S. 399 ff. [ZIM]-73

[2)] Wir bezeichnen sie auch als optimale Entscheidung.

[3)] Ob es sich hierbei um subjektive Wahrscheinlichkeiten handelt oder nicht, bleibt bei der rein formalen Beschreibung des Entscheidungsmodells ohne Bedeutung. Vgl. dazu auch [LAU]-76

wird eine Präferenzordnung u über alle Ergebnisse aufgestellt.
Diese Präferenzordnung

$$u: D \times S \rightarrow [\underline{u}, \overline{u}], \text{ wobei } \underline{u}, \overline{u} \in \mathbb{R} \text{ und } \underline{u} < \overline{u}$$

gestattet eine Aussage über die Vorziehenswürdigkeit eines Er-
gebnisses vor anderen.
Dabei genügt es, daß die Nutzenfunktion u bis auf eine mono-
tone Transformation bestimmt ist.[1] Es wird definiert, daß
ein Ergebnis $(\underline{d}_h, \underline{s}_k)$ dann einem Ergebnis $(\overline{d}_h, \overline{s}_k)$ vorgezogen
wird, wenn

$$u(\underline{d}_h, \underline{s}_k) \geq u(\overline{d}_h, \overline{s}_k) \ .$$

Das beste Ergebnis (d', s') ist demnach durch

$$u(d', s') = \max_{h=1}^{\overline{h}} \max_{k=1}^{\overline{k}} u(d_h, s_k)$$

bestimmt.

Nach dem Bernoulli-Prinzip[2] ist die optimale Entscheidung d_o dadurch gekennzeichnet, daß sie über alle potentiellen Umweltzustände
die größe Nutzenerwartung in sich birgt. Wird mit

$$U(d_h) = \sum_{k=1}^{\overline{k}} u(d_h, s_k) \, W(s_k)$$

der Erwartungsnutzen einer Entscheidung d_h bezeichnet, so ist die
optimale Entscheidung d_o demnach durch

$$U(d_o) = \max_{h=1}^{\overline{h}} U(d_h)$$

bestimmt.

---

[1] Zu formalen Anforderungen an u vgl. [SWE]-67, S. 61ff.

[2] Vgl. [SWE]-67, S. 61ff, bzw. im Original [BER]

2.1.2 Schwächen des klassischen Modells und Vorschau auf Modell-

modifikationen

Anerkennt man die oben implizit enthaltenen Prämissen, vor allem die Gültigkeit des Bernoulli-Prinzips[1], so stellt sich im Rahmen dieser Arbeit unter anderem die Frage, ob neben der Zufallsrealisation von Umweltzuständen nicht noch die Unschärfe der Aussagen über die Aktionen und die Zustände selbst in das Kalkül eingehen muß.

Wir werden im folgenden Modelle entwerfen, in denen die Aktionen und Zustände als unscharfe Mengen definiert sind. Dabei wird eine unscharfe Aktion A_i^D $(i=1,\ldots,\bar{i})$[2] mithilfe der Zugehörigkeitsfunktion μ_{A_i} auf dem scharfen Aktionenraum definiert.

$$A_i^D = \{(d_h, \mu_{A_i}(d_h)) \mid d_h \in D\}$$

$$\text{wobei } \mu_{A_i} : D \to [0,1]$$

Die Menge aller unscharfen Aktionen bezeichnen wir mit A. Ein unscharfer Zustand F_j^S $(j=1,\ldots,\bar{j})$ ist in analoger Weise durch seine Zugehörigkeitsfunktion μ_{F_j} auf dem scharfen Zustandsraum definiert:

$$F_j^S = \{(s_k, \mu_{F_j}(s_k)) \mid s_k \in S\}$$

$$\text{wobei } \mu_{F_j} : S \to [0,1]$$

Die Menge aller unscharfen Zustände bezeichnen. wir mit F.

---

[1] Zur Axiomatik des Bernoulli-Kriteriums siehe neben der bereits aufgeführten Arbeit von H. Schneeweiß ([SWE]-67): [SAV]-54, S. 19ff, [HEM]-53, [LUR]-57 S. 23-38, [BOR]-69, S. 45-47, [MAR]-65, zur neueren Diskussion dieses Prinzips siehe [PFO]-72, [JAC]-74, [KOC]-74, [JAL]-76, [BIR]-76

[2] Der hochgestellte Index weist darauf hin, daß die unscharfe Menge A_i^D auf der scharfen Menge D definiert ist.

Das obige klassische Entscheidungsmodell wollen wir als Kürzel durch das Viertupel

$$< D, S, W(s_k), u(d_h, s_k) >$$

kennzeichnen. Im folgenden werden wir dieses Modell zunächst dahingehend modifizieren, daß wir S durch F ersetzen, also unscharfe Zustände zulassen. Wir kennzeichnen dieses modifizierte Entscheidungsmodell dann mit

$$< D, F, W(s_k), u(d_h, F_j^S) > .$$

Daran anschließend wird das klassische Entscheidungsmodell dahingehend modifiziert, daß D durch A ersetzt wird; also unscharfe Aktionen zugelassen werden. Dieses Modell wird mit dem Viertupel

$$< A, S, W(s_k), u(A_i^D, s_k) >$$

gekennzeichnet.

Schließlich erörtern wir beide Modifikationen simultan. Wir kennzeichnen dieses Modell in Analogie zu obiger Notation durch

$$< A, F, W(s_k), u(A_i^D, F_j^S) > .$$

Das zuletzt genannte Modell werden wir im Gegensatz zu den beiden anderen vertiefend behandeln und im Rahmen eines größeren Investitionsbeispiels erörtern.

2.2 Bayes-Analyse im Rahmen des klassischen Entscheidungsmodells

2.2.1 Die formale Vorgehensweise[1]

Zusätzlich zu den im klassischen Entscheidungsmodell vorliegenden Daten, die in dem obigen Vier-Tupel $< D, S, W(s_k), u(d_h, s_k) >$ zum Ausdruck kommen, liegen weitere Daten vor.

---

[1] Zur Bayes-Analyse vgl. insbesonders [CHM]-67, S. 174ff. und [FOR]-77, S. 312f.

(1) Zunächst existiert ein Informationenraum:

$$X = \{x_1, x_2, \ldots, x_l, \ldots, x_{\bar{l}}\}$$

Es wird davon ausgegangen, daß eine Information $x_l \in X$ beschaffbar ist. Dann wird die optimale Aktion d_o in Abhängigkeit von dieser Information ermittelt.

(2) Ferner liegen bedingte Wahrscheinlichkeiten $W(x_l | s_k)$ für das Zutreffen der Information x_l im Zustand s_k vor.

Die - jetzt in Abhängigkeit von x_l - optimale Aktion $d_o(x_l)$ wird ebenfalls nach dem Bernoulli-Prinzip errechnet. Für ihren Erwartungsnutzen gilt demnach:

$$U(d_o(x_l) | x_l) = \max_{h=1}^{\bar{h}} U(d_h | x_l)$$

wobei der bedingte Erwartungsnutzen nach

$$U(d_h | x_l) = \sum_{k=1}^{\bar{k}} u(d_h, s_k) \, W(s_k | x_l)$$

berechnet wird. Dabei wird $W(s_k | x_l)$ mithilfe der sogenannten Bayes-Formel[1]

$$W(s_k | x_l) = \frac{W(x_l | s_k) \, W(s_k)}{\sum_{k'=1}^{\bar{k}} W(x_l | s_{k'}) \, W(s_{k'})}$$

aus den vorliegenden Daten für $W(x_l | s_k)$ und $W(s_k)$ errechnet.[2]

2.2.2 Schwächen des Bayes-Ansatzes und Vorschau auf Modellmodifikationen

Das oben in 2.2.1 dargestellte Modell ist durch das Sechs-Tupel

$$< D, S, X, W(s_k), \ W(x_l | s_k), u(d_h, s_k) >$$

---

[1] Vgl. [FIS]-70, S. 40ff., [WET]-73, S. 30
[2] Diese Formel wird in den folgenden Kapiteln eine zentrale Rolle spielen. Sie wird daher im nächsten Abschnitt aus ihrer wahrscheinlichkeitstheoretischen Axiomatik her abgeleitet.

beschrieben. Werden die hier zugrundegelegten Prämissen[1] aner-
kannt, so stellt sich wie in 2.1.2 die Frage, ob die Unschärfe
über die Informationen nicht zusätzlich im Modellansatz berück-
sichtigt werden sollte. Wir werden unten Modelle entwerfen, die
folgender Struktur sind:

$$< A, F, X, W(s_k), \; W(x_1 | s_k), u(A_i^D, F_j^S) >$$

sowie

$$< A, F, M, W(s_k), \; W(x_1 | s_k), u(A_i^D, F_j^S) >$$

Dabei ist M die Menge aller unscharfen Informationen M_m^X
$(m=1, \ldots, \bar{m})$:

$$M_m^X = \{ (x_1, \mu_{M_m}(x_1)) \mid x_1 \in X \}$$

wobei $\quad \mu_{M_m} : X \to [0,1]$

Die Schwächen des durch

$$< D, S, X, W(s_k), \; W(x_1 | s_k), u(d_h, s_k) >$$

gekennzeichneten Modells liegen im Rahmen der vorliegenden Arbeit
darin, daß die Unschärfe des Aktionen-, Zustands- und Informationen-
raums unberücksichtigt bleibt.

Die Bayes-Analyse im Rahmen der Entscheidungsfindung bei unscharfer Problembeschreibung wird später wiederum durch ein Investitionsbeispiel illustriert werden.

2.3. Unscharfe Ereignisse

In Modellen mit mindestens einer der Komponenten F und M arbeiten
wir mit sogenannten unscharfen Ereignissen. Diesen Begriff gilt
es vorab zu definieren und zu interpretieren.

---

[1] Zur Diskussion der Bayes-Analyse siehe insbesondere [RIC]-54, S. 306 - 313

2.3.1   Definitionen und Notationen

2.3.1.1 Der axiomatische wahrscheinlichkeitstheoretische Ansatz

Da nach geeigneter Definition unscharfer Ereignisse das gleiche
Wahrscheinlichkeitskalkül wie in der axiomatischen Wahrscheinlichkeitstheorie nach Kolmogoroff gilt, stellen wir das scharfe Wahrscheinlichkeitskalkül zunächst in aller Kürze vor.

Führt man die Wahrscheinlichkeitstheorie[1] als mengentheoreti-
sches Konzept ein, so geht man von einem Ereignisraum[2] Ω aus,
"der aus der Menge aller elementaren Ereignisse besteht, die als
Ergebnisse eines bestimmten Zufallsprozesses möglich sind."[3]

Wir betrachten an dieser Stelle nur den Fall, in dem endlich
viele elementare Ereignisse vorliegen.

Bezeichnen wir ein elementares Ereignis mit ω_e, gilt demnach
$\omega_e \in \Omega$. Aus Elementarereignissen lassen sich Ereignisse E_f durch
Vereinigung bilden. Es gilt demnach für ein Ereignis E_f:

$$E_f \subseteq \Omega$$

Sämtliche mengentheoretischen Operationen lassen sich auf Ereignisse E_f anwenden[4]. Jedem Ereignis E_f ist über eine Abbildung W
eine reelle Zahl $W(E_f)$ zugeordnet. Genügt die Abbildung den folgenden Bedingungen[5]

(i) $\forall E_f$: $W(E_f) \in [0,1]$

(ii) $W(\Omega) = 1$

(iii) $\forall E_f, E_g$: $E_f \cap E_g = \emptyset \Rightarrow W(E_f \cap E_g) = W(E_f) + W(E_g)$

so nennt man W ein Wahrscheinlichkeitsmaß.

---

[1] Vgl. dazu auch [WET]- 73, S. 13ff.

[2] auch "Stichprobenraum" genannt

[3] [WET]-73, S. 13

[4] Man spricht in diesem Zusammenhang auch von einem "Ereignisfeld". Dies ist
die Menge aller Ereignisse, auf die die elementaren Mengenoperationen Vereinigung und Negation (demnach über die De Morganschen Gesetze auch der
Durchschnitt) anwendbar sind. Stets gilt dabei auch, daß Ω selbst Element
des Ereignisraumes ist.

[5] Man bezeichnet diese Bedingungen auch als die Axiome von Kolmogoroff.

28

Mit $W(E_f)$ bezeichnet man dabei die "Wahrscheinlichkeit" (für die Realisation) des Ereignisses E_f. Aus dem Axiomensystem (i)...(iii) ergeben sich die Folgerungen (iv) ... (vi).[1]

$$(iv) \qquad W(\emptyset) = 0$$

$$(v) \qquad W(\bar{E}_f) = 1 - W(E_f)$$

$$(vi) \qquad W(E_f \cap E_g) = W(E_f) + W(E_g) - W(E_f \cup E_g)$$

Oft tritt die Frage auf, wie sich die bereits erfolgte Realisation eines Ereignisses E_g auf die Wahrscheinlichkeit eines Ereignisses E_f auswirkt.[2] Die Wahrscheinlichkeit der Realisation von E_f unter der Bedingung, daß E_g eingetroffen ist, wird üblicherweise mit $W(E_f|E_g)$ notiert und wird mithilfe der Definitionsgleichung

$$W(E_f \cap E_g) = W(E_f|E_g)\, W(E_g), \quad W(E_g) > 0$$

erklärt. Für die bedingten Wahrscheinlichkeiten gelten die Axiome (i) ... (iii) ebenfalls[3], daraus lassen sich weitere Folgerungen ziehen:

$$(vii) \qquad W(E_f) = \sum_{\lambda=1}^{\bar\lambda} W(E_f|E_\lambda) W(E_\lambda)$$

für alle Mengen E_λ, die eine Partition des Stichprobenraums Ω bilden.[4]

Mithilfe von (vii) läßt sich die in 2.2.1 bereits vorgestellte Bayes-Gleichung herleiten:

$$(viii) \qquad W(E_f|E_g) = \frac{W(E_g|E_f)\, W(E_f)}{\sum_{f'=1}^{\bar f} W(E_g|E_{f'})\, W(E_f)}$$

---

[1] Zu den Beweisen siehe [WET]-73, S. 23ff.

[2] Vgl. [WET]-73, S. 28

[3] Man beachte, daß die (nicht bedingte) Wahrscheinlichkeit $W(E_f)$ der Spezialfall einer bedingten Wahrscheinlichkeit ist, nämlich von $W(E_f|\Omega)$.

[4] (vii) wird auch totale Wahrscheinlichkeit genannt.

2.3.1.2 Der Übergang zu unscharfen Ereignissen

Die Wahrscheinlichkeit eines unscharfen Ereignisses A^Ω wird für den Fall, daß die Vereinigung endlich vieler Elementarereignisse $\omega_e \in A^\Omega$ das Ereignis A^Ω bilden, von L. A. Zadeh wie folgt eingeführt[1].

(i) $A^\Omega \subseteq \Omega$ wird zunächst als scharfe Menge betrachtet.

Dann folgt:

$$W(A^\Omega) = \sum_{\omega_e \in A^\Omega} W(\omega_e)$$

(ii) Nach Einführung der charakteristischen Funktion μ_A^C

$$\mu_A^C(\omega_e) = \begin{cases} 1 & \text{falls } \omega_e \in A^\Omega \\ 0 & \text{falls } \omega_e \notin A^\Omega \end{cases}$$

ergibt sich die zu (i) äquivalente Gleichung:

$$W(A^\Omega) = \sum_{\omega_e \in \Omega} \mu_A^C(\omega_e) \; W(\omega_e) \tag{9}$$

(iii) μ_A^C wird durch μ_A^Z auf den Fall unscharfer Ereignisse verallgemeinert, wobei im Gegensatz zu $\mu_A^C(\omega_e) \in \{0,1\}$ jetzt

$$\mu_A^Z(\omega_e) \in [0,1]$$

zugelassen wird. In diesem Fall bezeichnet man μ_A^Z als Zugehörigkeitsfunktion.

(iv) Ein unscharfes Ereignis A^Ω ist eine unscharfe Menge auf dem Stichprobenraum Ω, welche durch die Zugehörigkeits-

---

[1] Vgl. dazu auch [ZAD]-68, S. 422

funktion μ_A^Z : $\Omega \to [0,1]$ gekennzeichnet wird:

$$A^\Omega = \{(\omega_e, \mu_A^Z(\omega_e)) \mid \omega_e \in \Omega\}$$

(v) Die unscharfe Version von (ii) ist demnach:

$$W(A^\Omega) = \sum_{\omega_e \in \Omega} \mu_A^Z(\omega_e) W(\omega_e) \qquad (10)$$

Zadeh bezeichnet $W(A^\Omega)$ auch als den Erwartungswert der Zugehörig-keitsfunktion μ_A^Z.[1]

Mit (10) erhalten wir eine Formel zur Berechnung der Wahrschein-lichkeit eines unscharfen Ereignisses. Genügt die Abbildung W wiederum den Axiomen von Kolmogoroff, so läßt sich die in den oben diskutierten Folgerungen ((iv) ... (viii) aus 2.3.1.1) auf-gestellte Wahrscheinlichkeitsalgebra auf unscharfe Ereignisse übertragen.[2] Dies erlaubt die mathematische Behandlung unschar-der Realproblemkomponenten in verwandten Gebieten der Wahrschein-lichkeitstheorie, insbesondere in der Informationstheorie.[3]

In den folgenden Entscheidungsmodellen bei unscharfer Problem-beschreibung werden wir unscharfe Zustände $F_j^S \in F$ als unscharfe Ereignisse auf S und unscharfe Informationen $M_m^X \in M$ als unschar-fe Ereignisse auf X zu definieren haben.

2.3.2 Zur semantischen Interpretation eines unscharfen Ereig-nisses

Das folgende Beispiel eines unscharfen Ereignisses soll zur

[1] Man beachte, daß (9) einen Spezialfall von (10) darstellt, da $\mu_A^C(\omega_e) \in \{\mu_A^Z(\omega_e)\}$.
[2] vgl. [ZAD]-68, S. 423 - 425
[3] Das Konzept unscharfer Ereignisse hat in der Tat bereits Eingang in der-artige Gebiete gefunden, vgl. dazu [DLT]-72, [OTA]-74, [TOA]-76 .

Illustration dienen:

In einem Großhandel für Genußartikel wird die Frage nach der Wahrscheinlichkeit für das Eintreffen eines befriedigenden Weihnachtsgeschäftes gestellt. Man bezeichnet ein Weihnachtsgeschäft dann als voll zufriedenstellend, wenn der Umsatz im relevanten Zeitraum zwischen 8 und 10 Millionen beträgt.

Zur numerischen Berechnung werden Umsatzintervalle $I_\partial = (\partial-1, \partial]$, $(\partial=1(1)10)$ definiert. Jede potentielle Umsatzgröße $\gamma \in (0,10]$ (in [Millionen DM]) liegt demnach im Intervall I_∂ falls $\gamma \in (\partial-1, \partial]$.

Eine Zugehörigkeitsfunktion μ_B beschreibt den Sachverhalt über die Befriedigung bezüglich einer Umsatzgröße $\gamma \in (0,10]$. Der Einfachheit halber definieren wir μ_B als Funktion über die Umsatzintervalle:

$$\mu_B : \{I_\partial\} \to [0,1]$$

I_∂	1	2	3	4	5	6	7	8	9	10
$\mu_B(I_\partial)$	0	0,05	0,1	0,2	0,5	0,7	0,9	1	1	1

Tabelle 1: Werte der Funktion $\mu_B(I_\partial)$

Aktualisierte Umsatzstatistiken geben Aufschluß über die Wahrscheinlichkeitsverteilung der Umsatzgrößen. Die Wahrscheinlichkeiten $W(I_\partial)$ für die Realisation eines Umsatzes von $\gamma \in I_\partial$ werden wie folgt angenommen:

I_∂	1	2	3	4	5	6	7	8	9	10
$W(I_\partial)$	0,05	0,05	0,05	0,1	0,1	0,15	0,2	0,15	0,1	0,05

Tabelle 2: Werte der Wahrscheinlichkeiten $W(I_\partial)$

Nach Formel (10) zur Berechnung der Wahrscheinlichkeit eines unscharfen Ereignisses erhalten wir über

$$W(B) = \sum_{\partial=1}^{10} \mu_B(I_\partial) \, W(I_\partial)$$

die Wahrscheinlichkeit von $W(B) = 0,6625$ für die Realisation
eines befriedigenden Weihnachtsgeschäfts.

2.4 Stochastische Entscheidungsmodelle mit unscharfen Problemkomponenten

2.4.1 Die theoretische Konzeption

Wir entwickeln im folgenden stufenweise ein umfassendes
stochastisches Entscheidungsmodell der Form

$$< A, F, M, W(s_k), \, W(x_l \mid s_k), u(A_i^D, F_j^S) \, >$$

welches somit auch der Bayes-Analyse zugänglich ist. Wir untersuchen zunächst die Berücksichtigung der unscharfen Problemkomponenten A und F und leiten daraus ein stochastisches Grundmodell
der Optimumbestimmung bei unscharfer Problembeschreibung ab. Auf
dieses Modell wenden wir daraufhin eine Bayes-Analyse an. Der letzte
Abschnitt soll der Illustration dieser theoretischen Konzeption
dienen.[1]

2.4.1.1 Die Berücksichtigung unscharfer Problemkomponenten A und F

Im Gegensatz zum klassischen Modell[2] arbeiten wir jetzt mit un-

---

[1] Vgl. dazu auch [TOA]-76, S. 26 - 29

[2] Vgl. 2.1

scharfen Zuständen[1] $F_j^S \in F$ anstelle von $s_k \in S$.[2]

Die Nutzenfunktion u lautet jetzt:

$$u: D \times F \to [\underline{u}, \overline{u}]$$

Wir wollen sie wegen der unscharfen Komponenten F und der scharfen D als semi-unscharfe Nutzenfunktion bezeichnen. Es handelt sich demnach um ein Modell der Form:

$$< D, F, W(s_k), u(d_h, F_j^S) > \quad [3]$$

Der Erwartungsnutzen $U(d_h)$ wird analog zu 2.1.1 ermittelt:

$$U(d_h) = \sum_{j=1}^{\overline{j}} u(d_h, F_j^S)\, W(F_j^S)$$

Die Wahrscheinlichkeit $W(F_j^S)$ des unscharfen Ereignisses bestimmt sich dabei nach:

$$W(F_j^S) = \sum_{k=1}^{\overline{k}} \mu_{F_j}(s_k) W(s_k) \tag{11}$$

Demnach ist die optimale Aktion $d_o \in D$ unter Anwendung des Bernoulli-Kriteriums durch

---

[1] Beispielsweise könnte die unscharfe Menge $F_j^S \in F$ zum Ausdruck bringen "geringe Spareigung privater Haushalte" über dem (scharfen) Zustandsraum S, der verschiedene Höhen von Spareinlagen kennzeichnet.

[2] Zur Berechnung von Wahrscheinlichkeitsziffern der unscharfen Ereignisse F_j^S muß für F die Bedingung der Orthogonalität gelten, vgl. [OTA]-74, S. 3 oder [TOA]-76, S. 26. Dies bedeutet, daß

$$\forall\, k=1(1)\overline{k} \quad \sum_{j=1}^{\overline{j}} \mu_{F_j}(s_k) = 1 \qquad \text{gilt.}$$

[3] An dieser Stelle sei bereits darauf hingewiesen, daß dieses Viertupel implizit mit F auch alle die jeweils F_j^S kennzeichnenden Zugehörigkeitsfunktionen μ_{F_j} enthält. Dies bedeutet ebenfalls, daß S gegeben ist.

$$U(d_o) = \max_{h=1}^{\bar{h}} \sum_{j=1}^{\bar{j}} u(d_h, F_j^S) \sum_{k=1}^{\bar{k}} \mu_{F_j}(s_k) W(s_k) \qquad (12)$$

bestimmt.

Wir wollen im folgenden eine Beziehung zwischen der semi-unscharfen Nutzenfunktion $u(d_h, F_j^S)$ und der scharfen $u(d_h, s_k)$ herstellen.

Die optimale Aktion d_o im klassischen Modell genügt der Bedingung

$$U(d_o) = \max_{h=1}^{\bar{h}} \sum_{k=1}^{\bar{k}} u(d_h, s_k) W(s_k) \qquad (13)$$

Diese Bedingung fällt mit der Optimalitätsbedingung (12) zusammen, wenn der Übergang von einer semi-unscharfen Nutzenfunktion $u(d_h, F_j^S)$ zu einer scharfen $u(d_h, s_k)$ wie folgt definiert wird:[1]

$$u(d_h, s_k) = \sum_{j=1}^{\bar{j}} u(d_h, F_j^S) \mu_{F_j}(s_k) \qquad (14)$$

Damit ist dieses Modell auf den klassischen Typ

$$< D, S, W(s_k), u(d_h, s_k) >$$

zurückgeführt.

---

[1]
Man schreibe (12) in der Form $U(d_o) = \max_{h=1}^{\bar{h}} \sum_{k=1}^{\bar{k}} \sum_{j=1}^{\bar{j}} u(d_h, F_j^S) \mu_{F_j}(s_k) W(s_k)$
und setze die Bedingung (14) ein.
Wir verzichten an dieser Stelle auf eine Indizierung des Symbols u, da durch die verschiedenen Argumente die Unterschiedlichkeit der Funktionen u bereits zum Ausdruck kommt. Später greifen wir jedoch in 2.4.3 diese Beziehung wieder auf und passen sie der dortigen Problematik an, indem wir - unter anderem - einen Stufenindex für die verschiedenen Nutzenfunktionen einzuführen haben.

Wir betrachten den Fall unscharfer Aktionen $A_i^D \in A$ anstelle von $d_h \in D^{1)}$. Es handelt sich dann um das Modell mit der Kurzform

$$< A,S,W(s_k),u(A_i^D,s_k) > \quad .$$

Diese Modifikation birgt jedoch, für sich isoliert gesehen, inhaltlich nichts neues gegenüber dem klassischen Modell in sich. (15) und (16) bringen dies zum Ausdruck.

$$U(A_i^D) = \sum_{k=1}^{\bar{k}} u(A_i^D,s_k) \, W(s_k) \qquad (15)$$

$$U(A_o^D) = \max_{i=1}^{\bar{i}} \sum_{k=1}^{\bar{k}} u(A_i^D,s_k) \, W(s_k) \qquad (16)$$

2.4.1.2 Das stochastische Grundmodell der Optimumbestimmung bei unscharfer Problembeschreibung

2.4.1.2.1 Modellkomponenten und Optimumbestimmung

Gegeben ist ein Menge A unscharfer Aktionen

$$A = \{A_1^D, \ldots, A_i^D, \ldots, A_{\bar{i}}^D\}$$

---

1) Eine unscharfe Aktion $A_i^D \in A$ könnte beispielsweise die Aussage "Wähle ein kleines Projekt" zum Ausdruck bringe, wenn A_i^D auf dem (scharfen) Aktionenraum D definiert ist, der alternative Investitionssummen kennzeichnet.

die jeweils mittels ihrer Zugehörigkeitsfunktion μ_{A_i} : $D \to [0,1]$
auf dem scharfen Aktionenraum D als unscharfe Mengen definiert sind.

Ferner ist eine Menge F unscharfer Zustände

$$F = \{F_1^S, \ldots, F_j^S, \ldots, F_{\bar{j}}^S\}$$

gegeben, die jeweils mittels ihrer Zugehörigkeitsfunktion μ_{F_j} : $S \to [0,1]$ auf den scharfen Zustandsraum S als unscharfe Ereignisse definiert sind.

Für jeden scharfen Zustand $s_k \in S$ existiert eine Wahrscheinlichkeit $W(s_k)$ [1].
Es existiert eine Nutzenfunktion $u(A_i^D, F_j^S)$ auf $A \times F$.

Es handelt sich dann um ein Modell der Form

$$< A, F, W(s_k), u(A_i^D, F_j^S) >$$

Nach den Erörterungen im vorherigen Abschnitt 2.4.1.1 kann die Bedingung für die optimale Aktion A_o^D sofort angegeben werden.

$$U(A_o^D) = \max_{i=1}^{\bar{i}} \sum_{j=1}^{\bar{j}} u(A_i^D, F_j^S) \sum_{k=1}^{\bar{k}} \mu_{F_j}(s_k) W(s_k) \qquad (17)$$

---

[1] Man beachte, daß zwar F_j^S ein unscharfes Ereignis darstellt, nicht aber A_i^D.

2.4.1.2.2 Eine Analyse dieses Grundmodells

Zunächst kann (17) in die Form (16) durch die analoge Definition
zu (14)

$$u(A_i^D, s_k) = \sum_{j=1}^{\bar{j}} u(A_i^D, F_j^S) \; \mu_{F_j}(s_k) \tag{18}$$

überführt werden.[1]

Im folgenden wollen wir dieses Grundmodell, das auf Tanaka,
Okuda und Asai[2] zurückgeht, vertiefend analysieren.

Gegenüber dem eingangs aufgestellten Grundmodell

$$< D,S,W(s_k),u(d_h,s_k) >$$

liegt noch keine wesentliche Veränderung vor.

(1) Gesucht wird nach wie vor eine Entscheidung, deren Bernoul-
     linutzen maximal ist. Es sind lediglich der Aktionen- und
     der Zustandsraum als Mengen unscharfer Mengen definiert
     worden.

---

[1] Man interpretiere die Fußnote 1 auf Seite 34 analog, indem man für d_h
     jetzt A_i^D setzt.

[2] Vgl. [TOA]-76, S. 26

(2) Es gehen nicht alle $\bar{h}$ zur Verfügung stehenden Aktionen d_h sondern in der Regel eine geringere Anzahl von $\bar{i}$ Aktionen A_i^D in das Kalkül ein. Dabei sei darauf hingewiesen, daß für die Optimumbestimmung die Zugehörigkeitsfunktionen $\mu_{A_i}(d_h)$ zunächst noch nicht von Bedeutung sind.[1]

(3) Die Formulierung der Zustände $s_k \in S$ in unscharfe Zustände $F_j^S \in F$ scheint auf den ersten Blick die Problemdarstellung zu vereinfachen. Die Aufstellung der Zugehörigkeits-funktionen $\mu_{F_j}(s_k)$ dürfte jedoch Schwierigkeiten be-reiten, zumal sie dem subjektiven Empfinden des Anwenders unterworfen ist. Da jedoch grobe Vorstellungen über Er-wartungsdaten der Zukunft eher als detaillierte vorlie-gen, scheint dieser Ansatz, auch im Hinblick auf Schwie-rigkeiten bei der Konstruktion der Zugehörigkeitsfunktion in gewissem Umfang gerechtfertigt.

(4) Da die Wahrscheinlichkeiten über die scharfen Zustände je-doch ebenfalls subjektiv geschätzt[2] werden müssen, bleibt die Frage, weshalb nicht sofort lediglich die Wahrschein-lichkeiten über das Eintreffen der unscharfen Zustände $W(F_j^S)$ abgefragt werden.
Dafür sind nur $\bar{j}$ Schätzungen notwendig, im Gegensatz zu $(\bar{j} + 1)\bar{k}$ Schätzungen der Werte für $W(s_k)$ und $\mu_{F_j}(s_k)$.
Außerdem bleiben die Kalkulationen nach (11) erspart. Die Antwort könnte im wesentlichen darin liegen, daß es schwe-rer ist, für grob umrissene Ereignisse Wahrscheinlichkeiten zu schätzen, als für exakt definierte.
Dieses Problem stellt sich natürlich dann nicht, wenn ob-jektive Wahrscheinlichkeiten vorliegen.

---

[1] An späterer Stelle (vgl. 2.4.3) beziehen wir jedoch auch $\mu_{A_i}(d_h)$ in das Optimierungskalkül mit ein, wenn es darum gehen wird, aus der optimalen unscharfen Aktion die optimale scharfe Aktion zu ermitteln.

[2] Zur praktischen Ermittlung von subjektiven Wahrscheinlichkeiten siehe [SER]-74, S. 84 - 94

(5) Die Schwierigkeiten bei der Aufstellung von Nutzenfunktionen der Art $u(A_i^D, F_j^S)$ bleiben mindestens gleich groß wie

bei der Art $u(d_h, s_k)$ im eingangs diskutierten (scharfen)
entscheidungstheoretischen Grundmodell. Natürlich gehen
jetzt die Zugehörigkeitsfunktionen auch der unscharfen Aktionen $\mu_{A_i}(d_h)$ in das Nutzenbemessungskalkül mit ein.

2.4.1.3 Implementierung des Bayes-Ansatzes mit scharfer Informationenmenge

2.4.1.3.1 Modellkomponenten

Wir wenden die Bayes-Analyse auf das Grundmodell

$$< A, F, W(s_k), u(A_i^D, F_j^S) >$$

an.

Dafür wird zusätzlich ein sogenannter Informationenraum
(message space)

$$X = \{ x_1, \ldots, x_l, \ldots, x_{\bar{l}} \}$$

eingeführt.[1] Jedes x_l bezeichnen wir als Randinformation. Darüberhinaus liegen bedingte Wahrscheinlichkeiten $W(x_l \mid s_k)$ über
die Realisation von $x_l \in X$ im Zustand $s_k \in S$ vor. Es handelt
sich demnach um ein Modell der Form

$$< A, F, X, W(s_k), W(x_l \mid s_k), u(A_i^D, F_j^S) > .$$

---

[1] Zur Interpretation von X vgl. Abschnitt 2.4.1.3.3,(4) und das Investitionsbeispiel in 2.4.2.2 und 2.4.2.3 .

2.4.1.3.2 Ermittlung des Optimums

Das Ziel ist es, bei gegebener Randinformation $x_1 \in X$ die optimale Aktion $A_o^D(x_1)$ in gleicher Weise durch das Benoulli-Prinzip wie im Grundmodell zu ermitteln. Es soll also gelten, daß:

$$U(A_o^D(x_1)|x_1) = \max_{i=1}^{\bar{i}} U(A_i^D|x_1) \qquad (19)$$

Der Erwartungsnutzen $U(A_i^D|x_1)$ errechnet sich nach

$$U(A_i^D|x_1) = \sum_{j=1}^{\bar{j}} u(A_i^D|F_j^S) \; W(F_j^S|x_1) \qquad (20)$$

wobei für die bedingte Wahrscheinlichkeit $W(F_j^S|x_1)$ gilt:

$$W(F_j^S|x_1) = \sum_{k=1}^{\bar{k}} \mu_{F_j}(s_k) \; W(s_k|x_1) \qquad (21)$$

$W(s_k|x_1)$ errechnet sich dabei aus den gegebenen Daten wie folgt:

$$W(s_k|x_1) = \frac{W(x_1|s_k) \; W(s_k)}{\displaystyle\sum_{k'=1}^{\bar{k}} W(x_1|s_{k'}) \; W(s_{k'})} \qquad (22)$$

Dabei stellt der Nenner von (22) die totale Wahrscheinlichkeit von $W(x_1)$ dar.[1]

2.4.1.3.3 Vergleichende Analyse und Interpretation dieses Bayes-Ansatzes

(1) Wir vergleichen die Optimalitätsbedingung für $A_o^D(x_1)$ des Modells $<A, F, X, W(s_k), W(x_1|s_k), u(A_i^D, F_j^S)>$

---

[1] Vgl. dazu 2.3.1.1 (viii)

$$U(A_o^D(x_1)|x_1) = \max_{i=1}^{\bar{i}} \sum_{j=1}^{\bar{j}} u(A_i^D,F_j^S) \sum_{k=1}^{\bar{k}} \mu_{F_j}(s_k) \, W(s_k|x_1)$$

(23)

mit der Optimalitätsbedingung[1] für $d_o(x_1)$ im scharfen Bayes-
Ansatz $<D,S,X,W(s_k), \ W(x_1|s_k), \ u(d_h,s_k)>$:

$$U(d_o(x_1)|x_1) = \max_{h=1}^{\bar{h}} \sum_{k=1}^{\bar{k}} u(d_h,s_k) \, W(s_k|x_1)$$ (24)

Wir stellen fest, daß (23) in (24) übergeht, wenn

(i)   die Bedingung $u(d_h,s_k) = \sum_{j=1}^{\bar{j}} u(d_h,F_j^S) \, \mu_{F_j}(s_k)$ gilt,
und

(ii) A_i^D durch d_h ersetzt wird.

Der Ersatz von A_i^D und d_h verändert die Problemstellung nicht,
zumal die Zugehörigkeitsfunktionen $\mu_{A_i}(d_h)$ nicht in das Kalkül eingehen.
Die unter (i) genannte Bedingung wurde bereits in (14) aufgestellt.

So läßt sich das unscharfe Modell durch diese beiden Bedingungen in die scharfe Version überführen.

(2) Alle Charakteristika bezüglich der Einführung des Entschei-
dungs- und Zustandsraums als Mengen unscharfer Mengen mit
ihren in 2.4.1.3.3,(2) und (3) geäußerten Vorzügen, aber auch
Bedenken, bleiben unverändert.

(3) Ebenfalls bleibt die in 2.4.1.2.2, (4) und (5) dargestellte
Problematik der Bemessung von Wahrscheinlichkeiten scharfer
Zustände, bzw. unscharfer Zustände unter Zuhilfenahme ihrer
Zugehörigkeitsfunktionen, sowie der Bemessung der Nutzenfunk-
tion die gleiche.

---

[1] Wir verzichten in beiden Fällen auf die jeweils identische explizite
Darstellung von $W(s_k|x_1)$.

42

(4) Als völlig neuer integraler Bestandteil geht jedoch die Menge X der Randinformationen ein. Diesen Begriff gilt es eingehend zu erläutern und vor allem vom Begriff des Zustandsraums S abzugrenzen:

Während jede Ausprägung s_k einen für möglich gehaltenen Zustand darstellt, über welchen per Definition außer den Wahrscheinlichkeiten $W(s_k)$ keine weiteren Angaben vorliegen, ist die Sachlage bei Ausprägungen von x_1 anderer Natur. Man stellt sich vor, daß durchaus mit zusätzlichem Aufwand[1] bestimmt werden kann, welches x_1 zutreffen wird.[2] Während für s_k in der Regel subjektive Wahrscheinlichkeiten geschätzt werden, stellt man für das Eintreffen einer Ausprägung x_1 eine bedingte Wahrscheinlichkeit $W(x_1 \mid s_k)$ auf. Da s_k von seiner semantischen Bedeutung im Sinne des in der Realität betrachteten Problems mit x_1 verwandt ist, erscheint es durchaus als sinnvoll, die Existenz dieser bedingten Wahrscheinlichkeiten zu unterstellen.[3]

(5) Die folgenden Ausführungen sollen den Zusammenhang zwischen Zustandsraum S und Informationsraum X auf einem anderen Gebiet, nämlich der Krebserkennungsforschung, noch einmal verdeutlichen.
Der Zustandsraum

$$S = \{s_o, s_1\}$$

enthalte nur die Elemente s_o (kein Krebs) und s_1 (Krebs).

---

[1] Über den Einfluß der Informationsbeschaffungskosten auf den Entscheidungsprozess siehe [WEN]-75.

[2] Wir betrachten eine Information x_1 als gegeben und ermitteln die optimale Handlungsweise in Abhängigkeit von dieser Information.

[3] Enthalte der Zustandsraum beispielsweise verschiedene diskrete Werte über die Steigerungsrate des Sozialprodukts, so existiert ein Zusammenhang mit der Steigerungsrate der Bruttoinvestition, die durch den Informationenraum gekennzeichnet wird (vgl. unten in 2.4.2.2).

Der Informationenraum X enthalte Ausprägungen der Randinformation x_1.

Es liegen beispielsweise nach einer Röntgenuntersuchung weitere Informationen über den Gesundheitszustand eines Patienten vor, die in x_1 einen numerischen Ausdruck finden.[1] Die bedingten Wahrscheinlichkeiten

$$W(x_1 | s_o) \quad \text{und} \quad W(x_1 | s_1)$$

werden aus den relativen Häufigkeiten umfangreicher Untersuchungen bei Patienten gewonnen, von denen man im nachhinein weiß, ob sie zur Zeit der Untersuchung krebskrank waren oder nicht. Aus diesen bedingten Wahrscheinlichkeiten, sowie aus gegebenen $W(s_o)$ und $W(s_1)$[2] läßt sich dann für jeden Patienten die Wahrscheinlichkeit dafür ermitteln, daß er bei gegebener Randinformation krebskrank ist oder nicht.

2.4.1.4   Eine generelle Bayes-Analyse bei unscharfer Problemstellung

Mit diesem allgemeinen Entscheidungsmodell schließen wir die Behandlung der stochastischen Modelle ab.[3] Es hat die Form:

$$< \ A, F, M, W(s_k), \ W(x_1 | s_k), \ u(A_i^D, F_j^S) \ >$$

---

[1] $x_1 = (x_1^1, \ldots, x_1^z, \ldots, x_1^{\bar{z}})$ kann auch als Vektor mehrerer Randinformationen interpretiert werden, wobei x_1^z beispielsweise eine Information über das Blutbild, die Magensäure, den Urinspiegel etc. ausdrückt.

[2] In diesem Fall dürften gar objektive Wahrscheinlichkeiten $W(s_o)$ und $W(s_1)$ vorliegen.

[3] Vgl. dazu auch das Grundkonzept von Tanaka, Okuda und Asai in [TOA]-76, S. 26

2.4.1.4.1 Modellkomponenten

Wir erweitern das vorige Modell aus 2.4.1.3 dadurch, daß wir die Informationenmenge als Menge unscharfer Ereignisse zulassen. Diese unscharfen Informationen sind in der Menge

$$M = \{M_1^X, \ldots, M_m^X, \ldots, M_{\bar{m}}^X\}$$

gegeben und als unscharfe Ereignisse jeweils mittels ihrer Zugehörigkeitsfunktion μ_{M_m} : $X \to [0,1]$ auf X definiert.

2.4.1.4.2 Ermittlung des Optimums

Wir ermitteln die optimale Aktion $A_o^D(M_m^X)$ bei Vorlage einer unscharfen Information $M_m^X \in M$ zunächst in Analogie zu 2.4.1.3.2. Es gilt demnach für die optimale Akton:

$$U(A_o^D(M_m^X) \mid M_m^X) = \max_{i=1}^{\bar{i}} U(A_i^D \mid M_m^X) \qquad (25)$$

Dabei errechnet sich der Erwartungsnutzen $U(A_i^D \mid M_m^X)$ aus:

$$U(A_i^D \mid M_m^X) = \sum_{j=1}^{\bar{j}} u(A_i^D, F_j^S) \quad W(F_j^S \mid M_m^X) \qquad (26)$$

wobei für die bedingte Wahrscheinlichkeit $W(F_j^S \mid M_m^X)$ gilt:

$$W(F_j^S \mid M_m^X) = \sum_{k=1}^{\bar{k}} \mu_{F_j}(s_k) \quad W(s_k \mid M_m^X) \qquad (27)$$

Die a posteriori-Wahrscheinlichkeiten $W(s_k \mid M_m^X)$ lassen sich nach Bayes wiederum aus den a priori-Wahrscheinlichkeiten $W(s_k)$ und aus $W(x_l \mid s_k)$ unter Zuhilfenahme der gegebenen Zugehörigkeitsfunktionen $\mu_{M_m}(x_1)$ in ähnlicher Weise zu (22), bzw. (24) ermitteln.[1]

$$W(s_k | M_m^X) = \frac{\sum\limits_{l=1}^{\bar{l}} \mu_{M_m}(x_1) \ W(x_1 | s_k) \ W(s_k)}{\sum\limits_{k'=1}^{\bar{k}} \sum\limits_{l=1}^{\bar{l}} \mu_{M_m}(x_1) \ W(x_1 | s_{k'}) \ W(s_{k'})} \qquad (28)$$

Zur numerischen Berechnung von $U(A_o^D(M_m^X) | M_m^X)$ empfiehlt sich die folgende Vorgehensweise:

(27) wird in der Form

$$W(F_j^S | M_m^X) = \frac{W(F_j^S, M_m^X)}{W(M_m^X)} \qquad (29)$$

geschrieben. Dabei läßt sich $W(M_m^X)$ aus den bekannten Daten für $\mu_{M_m}(x_1)$ und $W(x_1)$ wie folgt errechnen:

$$W(M_m^X) = \sum\limits_{l=1}^{\bar{l}} \mu_{M_m}(x_1) \ W(x_1) \qquad (30)$$

In (29) wird $W(F_j^S, M_m^X)$ nach

$$W(F_j^S, M_m^X) = \sum\limits_{l=1}^{\bar{l}} W(F_j^S, x_1) \ \mu_{M_m}(x_1) \qquad (31)$$

———————————————————

[1] Man beachte, daß per Definition gilt:

$$W(M_m^X | s_k) = \sum\limits_{l=1}^{\bar{l}} \mu_{M_m}(x_1) \ W(x_1 | s_k)$$

errechnet, wobei für $W(F_j^S, x_1)$ gilt: [1]

$$W(F_j^S, x_1) = \sum_{k=1}^{\bar{k}} \mu_{F_j}(s_k)\ W(x_1|s_k)\ W(s_k) \qquad (32)$$

2.4.1.5 Eine abschließende Analyse

Bevor wir die oben dargestellte theoretische Konzeption durch ein Beispiel illustrieren, wollen wir diesen Ansatz abschließend würdigen.

(1) Es handelt sich hierbei um ein Entscheidungsproblem auf höherer Ebene. Man scheut davor, jeden einzelnen Umweltzustand s_k, jede potentielle Aktion d_h und jede für möglich erachtete Information x_1 im Detail anzugeben.

Insofern stellt dies ein Beschreibungsmodell allgemeinerer Entscheidungsfindung dar.

Allerdings sollte darauf hingewiesen werden, daß das Problem der exakten Angabe jeder Komponenten s_k, d_h und x_1 nur verlagert wurde auf die Aufstellung der Zugehörigkeitsfunktionen $\mu_{F_j}(s_k)$, $\mu_{A_i}(d_h)$ und $\mu_{M_m}(x_1)$.

Geben wir die Wahrscheinlichkeiten $W(s_k)$ und $W(x_1|s_k)$ gleich in der unscharfen Form $W(F_j^S)$ und $W(M_m^X|F_j^S)$ an, erhalten wir durch

$$< A, F, M, W(F_j^S),\ W(M_m^X|F_j^S),\ u(A_i^D, F_j^S) >$$

---

[1] Man beachte, daß per Definition gilt:

$$W(F_j^S, x_1) = \sum_{k=1}^{\bar{k}} \mu_{F_j}(s_k)\ W(s_k, x_1)$$

sowie

$$W(s_k, x_1) = W(x_1|s_k)\ W(s_k)$$

ein scharfes Modell, daß der herkömmlichen Bayes-Analyse zugänglich ist. Die Funktionen $\mu_{F_j}(s_k)$ und $\mu_{M_m}(x_1)$ werden in den dargestellten Modellen lediglich zur Berechnung von Wahrscheinlichkeiten der unscharfen Ereignisse benötigt.

(2) Es stellt sich die Frage, welche Bedeutung die Zugehörig-keitsfunktion $\mu_{A_i}(d_h)$ hat. Wir erhalten als Ergebnis der Entscheidungsfindung die optimale Aktion A_o^D, die als unschar-fe Menge mittels μ_{A_o} auf D definiert ist. μ_{A_o} soll dabei zur Identifikation der optimalen durchzusetzenden Aktion d_o dienen. Okuda, Tanaka und Asai[1] schlagen dafür die folgen-de Vorgehensweise vor:

Die α-Niveau-Menge D^α

$$D^\alpha = \{d_h \mid \mu_{A_o}(d_h) \geq \alpha\} \tag{33}$$

enthalte die optimale Aktion d_o. Bei geeigneter Wahl des Niveaus α[2] erhält man eine Menge gleich gut erachteter Lösungen. Diese Vorgehensweise erscheint jedoch problematisch.

Wir demonstrieren dies an einem Beispiel: (vgl. Abb. 3).

---

[1] Vgl. [OTA]-75, S. 18

[2] Mit wachsendem α verringert sich die Anzahl der optimalen Alternativen (vgl. auch Abb. 3).

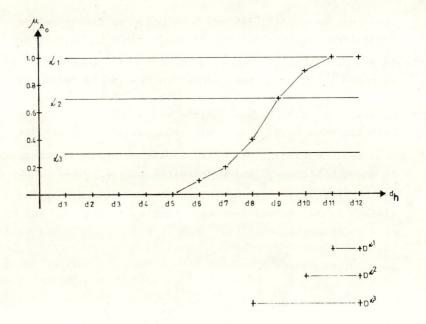

Abb. 3: Zur Auswahl einer optimalen Alternativen d_o durch μ_{A_o} mithilfe der α-Niveau-Menge D^α

$D = \{d_1, \ldots, d_h, \ldots, d_{12}\}$ kennzeichne die Aktionenmenge verschieden hoher Investitionssummen. Das Entscheidungsmodell habe als optimale Aktion A_o^D ermittelt. Die Zugehörigkeitsfunktion μ_{A_o} drückt dabei das Ergebnis aus: "hohe Investition". Für alternative Niveaus α erhält man nach (33) jetzt verschiedene Mengen jeweils gleich gut erachteter Lösungen.

Geht man von der Fiktion aus, daß die Aktion realisiert werden soll, die in der Menge mit maximalem α enthalten ist, so fehlt dafür jedoch jegliche Begründung,[1] weil μ_{A_o} ledig-

---

1) In unserem Beispiel würde man die Aktion wählen, die bezüglich der Bewertung (hohe Investitionssumme) den höchsten Wert aufweist.

lich die Bewertungsfunktion einer verbalen Artikulation darstellt, nicht aber die Vorziehenswürdigkeit von Alternativen
beschreibt. Ein möglicher Ausweg wird unten in 2.4.3 dargestellt.

(3) Der große Vorteil dieses Entscheidungsfindungskonzepts dürfte jedoch in der folgenden Tatsache liegen: Die herkömmliche
scharfe Analyse erfordert einen relativ hohen Aufwand an Da-
ten. Allein für die Nutzenbemessung sind $|D| \cdot |S|$ Schätzun-
gen notwendig. Die unscharfe Version auf $A \times F$ erfordert dagegen eine in der Regel wesentlich kleinere Anzahl von
$|A| \cdot |F|$ Nutzenschätzungen.[1]

(4) Die unscharfe Bayes-Analyse erreicht einen nur unwesentlich
geringeren Erwartungsnutzen der Information als bei scharfer
Analyse. Darauf gehen wir unten in 2.5.1 in einem gesonder-
ten Abschnitt über die Entropie, den Erwartungsnutzen und
den Wert der unscharfen Information ein.

2.4.2 Die Auswahl optimaler Investitionsalternativen als Beispiel[2]

2.4.2.1 Das stochastische Grundmodell

Ein Modell zur Planung der optimalen Investitionssumme soll zur
Illustration der oben in 2.4.1.2 beschriebenen Konzeption eines
stochastischen Grundmodells der Optimumbestimmung bei unscharfer
Problembeschreibung dienen.

(1) Wir gehen davon aus, daß die (scharfen) Umweltzustände durch
die Steigerungsrate des Bruttosozialprodukts gekennzeichnet

---

[1] Darauf weisen insbesondere Okuda, Tanaka, Asai in [OTA]-75, S.17 f hin.

[2] Dieses Beispiel ist in seinen Grundzügen bereits von Tanaka, Okuda und Asai
beschrieben, Vgl. [TOA]-76, S. 27-29

sind. Dafür geben wir 26 diskrete Werte s_k (k=1(1)26) vor.
Der Zustandsraum ist dann durch

$$S = \{s_1, s_2, \ldots, s_k, \ldots, s_{26}\}$$

charakterisiert. Es wird jedoch nur mit drei unscharfen Zuständen F_j^S (j=1(1)3) gearbeitet, die dann jeweils als unscharfe Mengen

$$F_j^S = \{(s_k, \mu_{F_j}(s_k)) \mid s_k \in S\}$$

wobei

$$\mu_{F_j} : S \rightarrow [0,1]$$

auf S definiert sind. Dabei wollen wir den Zustand F_1^S mit geringer, den Zustand F_2^S mit mittlerer und den Zustand F_3^S mit hoher gesamtwirtschaftlicher Aktivität bezeichnen.[1]

Für jeden Zustand s_k existiert eine subjektive Wahrscheinlichkeit seines Eintreffens $W(s_k)$.

Die Abbildung 4 veranschaulicht die (diskreten) Werte der Funktionen $\mu_{F_j}(s_k)$, die Tabelle 3 listet diese vorgegebenen Werte auf.

---

[1] Dieser Sachverhalt soll durch die vorgegebenen Werte der jeweiligen Zugehörigkeitsfunktionen in Abbildung 4 zum Ausdruck gebracht werden.

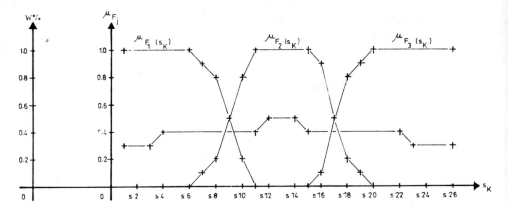

Abb. 4: Graphische Darstellung der Funktionen $\mu_{F_j}(s_k)$ und $W(s_k)$.

s_k	$\mu_{F_1}(s_k)$	$\mu_{F_2}(s_k)$	$\mu_{F_3}(s_k)$	$W(s_k)$ [%]
s_1	1,0	0,0	0,0	3
s_2	1,0	0,0	0,0	3
s_3	1,0	0,0	0,0	3
s_4	1,0	0,0	0,0	4
s_5	1,0	0,0	0,0	4
s_6	1,0	0,0	0,0	4
s_7	0,9	0,1	0,0	4
s_8	0,8	0,2	0,0	4
s_9	0,5	0,5	0,0	4
s_{10}	0,2	0,8	0,0	4
s_{11}	0,0	1,0	0,0	4
s_{12}	0,0	1,0	0,0	5
s_{13}	0,0	1,0	0,0	5
s_{14}	0,0	1,0	0,0	5
s_{15}	0,0	1,0	0,0	4
s_{16}	0,0	0,9	0,1	4
s_{17}	0,0	0,5	0,5	4
s_{18}	0,0	0,2	0,8	4
s_{19}	0,0	0,1	0,9	4
s_{20}	0,0	0,0	1,0	4
s_{21}	0,0	0,0	1,0	4
s_{22}	0,0	0,0	1,0	4
s_{23}	0,0	0,0	1,0	3
s_{24}	0,0	0,0	1,0	3
s_{25}	0,0	0,0	1,0	3
s_{26}	0,0	0,0	1,0	3

Tabelle 3: Gegebene Werte von $\mu_{F_j}(s_k)$ und $W(s_k)$; j=1(1)3, k=1(1)26

(2) Darüberhinaus stehen drei unscharfe Aktionen A_i^D (i=1(1)3) zur Verfügung.[1] Wir wollen sie mit A_1^D "kleines", A_2^D "mittleres" und A_3^D "großes Projekt" bezeichnen.

(3) Die Nutzenfunktion $u(A_i^D, F_j^S)$ sei durch die Werte der Tabelle 4 gegeben.[2]

	F_1^S	F_2^S	F_3^S
A_1^D	90	110	120
A_2^D	0	150	200
A_3^D	-80	100	300

Tabelle 4 : Werte der Nutzenfunktion $u(A_i^D, F_j^S)$

(4) Die Lösung vollzieht sich in den Schritten:

1. Schritt: Bestimmung der Wahrscheinlichkeiten $W(F_j^S)$

nach (11)

$$W(F_1^S) = 0,306$$

$$W(F_2^S) = 0,362$$

$$W(F_3^S) = 0,332$$

---

[1] An dieser Stelle erübrigt es sich, die Zugehörigkeitsfunktionen μ_{A_i} anzugeben, da lediglich eine unscharfe Aktion gewählt wird. Wir diskutieren unten im Abschnitt 2.4.3 ein Verfahren zur Auswahl der optimalen scharfen Aktion aus der optimalen unscharfen Aktion. Dort geben wir auch μ_{A_i} an.

[2] Man kann sich vorstellen, daß $u(A_i^D, F_j^S)$ die Gewinnerwartung in der Situation F_j^S nach Wahl von A_i^D ausdrückt.

2. Schritt: Bestimmung des Erwartungsnutzen $U(A_i^D)$ nach (15)

$$U(A_1^D) = 107,20$$

$$U(A_2^D) = 120,70$$

$$U(A_3^D) = 111,32$$

3. Schritt: Bestimmung der optimalen Alternativen A_o^D nach (16)

$$U(A_2^D) = U(A_o^D) = \max_{i=1}^{3} \; U(A_i^D) = 120,70$$

2.4.2.2 Das um scharfe Randinformationen erweiterte Grundmodell

(1) Der Informationenraum $X = \{x_1, \ldots, x_1, \ldots, x_{26}\}$[1] beinhalte diskrete Werte x_1 über die bekannte Steigerungsrate der Bruttoinvestition. Der Informationsstand über den zukünftigen wirtschaftlichen Zustand s_k, der nur mit F (bzw. S) sowie mit $W(s_k)$ umschrieben ist, erhöht sich demnach.

(2) Die bedingten Wahrscheinlichkeiten $W(x_1 | s_k)$ kennzeichnen das Eintreffen einer Steigerungsrate der Bruttoinvestition in der Höhe von x_1 bei Vorlage einer Steigerung des Sozialprodukts um s_k. Diese Wahrscheinlichkeiten sind a priori gegeben und werden für unser Beispiel wie in Tabelle 5 angenommen.

(3) Die Berechnung der optimalen Lösungen $A_o^D(x_1)$ vollzieht sich in den folgenden Schritten:

---

[1] Daß $\bar{l}$ (Anzahl der Ausprägungen von Randinformationen) = $\bar{k}$ (Anzahl der Ausprägungen von Umweltzuständen) = 26 gilt, ist lediglich eine Vereinfachung.

54

s_k \ x_1	x_1	x_2	x_3	x_4	x_5	.....	x_{22}	x_{23}	x_{24}	x_{25}	x_{26}
s_1	0,70	0,10	0,10	0,05	0,05						
s_2	0,10	0,70	0,10	0,05	0,05						
s_3	0,05	0,10	0,70	0,10	0,05						
s_{24}							0,05	0,10	0,70	0,10	0,05
s_{25}							0,05	0,05	0,10	0,70	0,10
s_{26}							0,05	0,05	0,10	0,10	0,70

Tabelle 5: Gegebene Werte für $W(x_1 | s_k)$

1. Schritt: Berechnung von $W(x_1)$ aus der Formel der totalen Wahrscheinlichkeit[1]

Die Werte sind in der folgenden Tabelle 6 aufgelistet.

2. Schritt: Berechnung von $W(s_k | x_1)$ nach (22)

Die Werte sind in den folgenden Tabellen 7, 8 und 9 aufgelistet.

3. Schritt: Berechnung von $W(F_j^S | x_1)$ nach (21)

Die Werte sind in der Tabelle 10 aufgelistet.

4. Schritt: Berechnung von $U(A_i^D | x_1)$ nach (20)

Die Werte sind in der Tabelle 11 aufgelistet.

---

[1] Vgl. dazu die Gleichung (22)

l	$W(x_l)$
1	0,0255
2	0,0290
3	0,0330
4	0,0400
5	0,0425
6	0,0400
7	0,0400
8	0,0400
9	0,0400

l	$W(x_l)$
10	0,0405
11	0,0415
12	0,0485
13	0,0490
14	0,0485
15	0,0415
16	0,0405
17	0,0400
18	0,0400

l	$W(x_l)$
19	0,0400
20	0,0400
21	0,0395
22	0,0415
23	0,0330
24	0,0320
25	0,0285
26	0,0255

Tabelle 6: Werte für $W(x_l)$

	s_1	s_2	s_3	s_4	s_5	s_6	s_7	s_8	s_9
x_1	0,8235	0,1177	0,0589						
x_2	0,1035	0,7241	0,1035	0,0690					
x_3	0,0909	0,0909	0,6364	0,1212	0,0606				
x_4	0,0375	0,0375	0,0750	0,7000	0,1000	0,0500			
x_5	0,0352	0,0353	0,0353	0,0941	0,6588	0,0941	0,0471		
x_6				0,0500	0,1000	0,7000	0,1000	0,0500	
x_7					0,0500	0,1000	0,7000	0,1000	0,0500
x_8						0,0500	0,1000	0,7000	0,1000
x_9							0,0500	0,1000	0,7000
x_{10}								0,0494	0,0988
x_{11}									0,0482
x_{12}									
...									
x_{26}									

Tabelle 7: Werte für $W(s_k|x_l)$, $k = 1(1)9$

	s_{10}	s_{11}	s_{12}	s_{13}	s_{14}	s_{15}	s_{16}	s_{17}	s_{18}
$x_1 \ldots x_7$									
x_8	0.0500								
x_9	0,0100	0,0500							
x_{10}	0,6914	0,0988	0,0617						
x_{11}	0,0964	0,6747	0,1205	0,6024					
x_{12}	0,0412	0,0824	0,7217	0,1031	0,0516				
x_{13}		0,0408	0,1020	0,7143	0,1020	0,0408			
x_{14}			0,0515	0,1031	0,7217	0,0825	0,0412		
x_{15}				0,0602	0,1205	0,6747	0,0964	0,0482	
x_{16}					0,0617	0,0988	0,6914	0,0988	0,0494
x_{17}						0,0500	0,1000	0,7000	0,1000
x_{18}							0,0500	0,7000	0,7000
x_{19}								0,1000	0,1000
x_{20}								0,0500	0,0500
$x_{21} \ldots x_{26}$									

Tabelle 8: Werte für $W(s_k | x_1)$, $k = 10(1)18$

	s_{19}	s_{20}	s_{21}	s_{22}	s_{23}	s_{24}	s_{25}	s_{26}
x_1								
$\ldots$								
x_{16}								
x_{17}	0,0500							
x_{18}	0,1000	0,0500						
x_{19}	0,7000	0,1000	0,0500					
x_{20}	0,1000	0,7000	0,1000	0,0500				
x_{21}	0,0506	0,1013	0,7089	0,1013	0,0380			
x_{22}		0,0482	0,0964	0,6747	0,0723	0,0361	0,0361	0,0361
x_{23}			0,0606	0,1212	0,6364	0,0909	0,0455	0,0455
x_{24}				0,0625	0,0938	0,0563	0,0938	0,0938
x_{25}		0			0,0526	0,1053	0,7368	0,1053
x_{26}						0,0588	0,1177	0,8235

Tabelle 9: Werte für $W(s_k|x_l)$, k = 19(1)26

	F^S_1	F^S_2	F^S_3
x_1	1,0000	0,0000	0,0000
x_2	1,0000	0,0000	0,0000
x_3	1,0000	0,0000	0,0000
x_4	1,0000	0,0000	0,0000
x_5	0,9953	0,0047	0,0000
x_6	0,9800	0,0200	0,0000
x_7	0,8850	0,1150	0,0000
x_8	0,7600	0,2400	0,0000
x_9	0,4950	0,5050	0,0000
x_{10}	0,2272	0,7728	0,0000
x_{11}	0,0434	0,9566	0,0000
x_{12}	0,0083	0,9919	0,0000
x_{13}	0,0000	1,0000	0,0000
x_{14}	0,0000	0,9959	0,0041
x_{15}	0,0000	0,9663	0,0337
x_{16}	0,0000	0,8420	0,1580
x_{17}	0,0000	0,5150	0,4850
x_{18}	0,0000	0,2450	0,7550
x_{19}	0,0000	0,1150	0,8850
x_{20}	0,0000	0,0203	0,9798
x_{21}	0,0000	0,0052	0,9948
x_{22}	0,0000	0,0000	1,0000
x_{23}	0,0000	0,0000	1,0000
x_{24}	0,0000	0,0000	1,0000
x_{25}	0.0000	0,0000	1,0000
x_{26}	0,0000	0,0000	1,0000

Tabelle 10: Werte für $W(F^S_j | x_l)$

	A_1^D	A_2^D	A_3^D
x_1	90,00	0,00	-80,00
x_2	90,00	0,00	-80,00
x_3	90,00	0,00	-80,00
x_4	90,00	0,00	-80,00
x_5	90,09	0,71	-79,15
x_6	90,40	3,00	-76,40
x_7	92,30	17,25	-69,65
x_8	94,80	36,00	-36,80
x_9	100,10	75,75	10,90
x_{10}	105,48	115,92	59,11
x_{11}	109,13	144,83	98,52
x_{12}	109,84	148,79	98,55
x_{13}	110,00	150,00	100,00
x_{14}	110,04	150,21	100,82
x_{15}	110,34	151,69	106,75
x_{16}	111,58	157,90	131,61
x_{17}	114,85	174,25	197,00
x_{18}	117,55	187,75	251,00
x_{19}	118,85	194,25	277,00
x_{20}	119,80	198,99	295,95
x_{21}	119,95	199,74	298,96
x_{22}	120,00	200,00	300,00
x_{23}	120,00	200,00	300,00
x_{24}	120,00	200,00	300,00
x_{25}	120,00	200,00	300,00
x_{26}	120,00	200,00	300,00

Tabelle 11: Werte für $U(A_i^D|x_1)$

5. Schritt: (Ergebnis) Berechnung der optimalen Alternativen

$A_o^D(x_1)$ nach (19)

Abhängig von der Ausprägung x_1 der Randinformation ergeben sich die folgenden Alternativen als optimale:

$$A_o^D(x_1) = A_1^D \qquad \forall 1 = 1(1)9$$

$$A_o^D(x_1) = A_2^D \qquad \forall 1 = 10(1)16$$

$$A_o^D(x_1) = A_3^D \qquad \forall 1 = 17(1)26$$

2.4.2.3 Das um unscharfe Randinformationen erweiterte Grundmodell

(1) Der unscharfe Informationenraum $M = \{M_m^X\}$ beinhalte drei unscharfe Informationen M_m^X, die jeweils durch die Zugehörigkeitsfunktionen $\mu_{M_m}(x_1)$ gekennzeichnet sind.

$$M_m^X = \{(x_1, \mu_{M_m}(x_1)) \mid x_1 \in X\}$$

wobei

$$\mu_{M_m} : X \to [0,1]$$

Dabei wollen wir mit M_1^X eine geringe, M_2^X eine mittlere und M_3^X eine hohe Steigerungsrate der Bruttoinvestition bezeichnen.

Die Werte der Zugehörigkeitsfunktionen werden für diskrete x_1 wie in Tabelle 12 angenommen:

x_1	μ_{M_1}	μ_{M_2}	μ_{M_3}
$x_1 \cdots x_6$	1,0	0,0	0,0
x_7	0,9	0,1	0,0
x_8	0,8	0,2	0,0
x_9	0,7	0,3	0,0
x_{10}	0,5	0,5	0,0
x_{11}	0,2	0,8	0,0
$x_{12} \cdots x_{14}$	0,0	1,0	0,0
x_{15}	0,0	0,9	0,1
x_{16}	0,0	0,8	0,2
x_{17}	0,0	0,6	0,4
x_{18}	0,0	0,4	0,6
x_{19}	0,0	0,3	0,7
x_{20}	0,0	0,2	0,8
x_{21}	0,0	0,1	0,9
$x_{22} \cdots x_{26}$	0,0	0,0	1,0

Tabelle 12: Gegebene Werte für $\mu_{M_m}(x_1)$; m = 1(1)3; l = 1(1)26

Die Abbildung 5 veranschaulicht die (diskreten) Werte der Funktionen $\mu_{M_m}(x_1)$; m = 1(1)3.

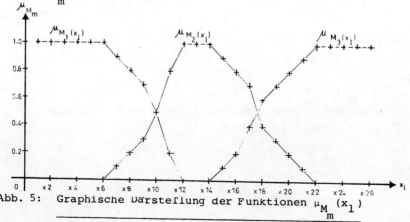

Abb. 5: Graphische Darstellung der Funktionen $\mu_{M_m}(x_1)$

(2) Die bedingten a priori-Wahrscheinlichkeiten $W(x_1 | s_k)$ sowie $W(s_k)$ sind identischer Interpretation wie in 2.4.2.1,(1) bzw. 2.4.2.2,(2).Deren Werte werden auch den Tabellen 3 bzw. 5 entnommen. Die gegebenen Werte der Nutzenfunktion $u(A_i^D, F_j^S)$ werden aus Tabelle 4 übernommen.

(3) Die Berechnung der optimalen Lösungen $A_o^D(M_m^X)$ vollzieht sich in den folgenden Schritten:

1. Schritt: Berechnung von $W(M_m^X)^{1)}$ mit den bereits errechneten Werten von $W(x_1)$ aus 2.4.2.2,(3) nach (30)

Es ergeben sich die Werte:

$$W(M_1^X) = 0,33455$$

$$W(M_2^X) = 0,35715$$

$$W(M_3^X) = 0,30830$$

2. Schritt: Berechnung von $W(F_j^S, x_1)$ nach (32)

Die Werte sind in Tabelle 13 aufgelistet.

---

1) Der Nenner von (28) beinhaltet bereits $W(M_m^X)$. Er wird umgeformt zu:

$$\sum_{l=1}^{\bar{l}} \mu_{M_m}(x_1) \sum_{k'=1}^{\bar{k}} W(x_1 | s_{k'}) \, W(s_{k'})$$

Dabei erscheint $\sum_{k'=1}^{\bar{k}} W(x_1 | s_{k'}) \, W(s_{k'})$ als Ausdruck für die totale Wahrscheinlichkeit von $W(x_1)$. Per Definition gilt:

$$\sum_{l=1}^{\bar{l}} \mu_{M_m}(x_1) \, W(x_1) = W(M_m^X)$$

	F_1^S	F_2^S	F_3^S
x_1	0,0255	0,0000	0,0000
x_2	0,0290	0,0000	0,0000
x_3	0;0330	0,0000	0,0000
x_4	0,0400	0,0000	0,0000
x_5	0,0423	0,0002	0,0000
x_6	0,0392	0,0008	0,0000
x_7	0,0354	0,0046	0,0000
x_8	0,0304	0,0096	0,0000
x_9	0,0198	0,0202	0,0000
x_{10}	0,0092	0,0313	0,0000
x_{11}	0,0018	0,0397	0,0000
x_{12}	0,0004	0,0481	0,0000
x_{13}	0,0000	0,0490	0,0000
x_{14}	0,0000	0,0483	0,0002
x_{15}	0,0000	0,0401	0,0014
x_{16}	0,0000	0,0341	0,0064
x_{17}	0,0000	0,0206	0,0194
x_{18}	0,0000	0,0098	0,0302
x_{19}	0,0000	0,0046	0,0354
x_{20}	0,0000	0,0008	0,0392
x_{21}	0,0000	0,0002	0,0393
x_{22}	0,0000	0,0000	0,0415
x_{23}	0,0000	0,0000	0,0330
x_{24}	0,0000	0,0000	0,0320
x_{25}	0,0000	0,0000	0,0285
x_{26}	0,0000	0,0000	0,0255

Tabelle 13: Werte für $W(F_j^S, x_l)$

3. Schritt: Berechnung von $W(F_j^S, M_m^X)$ nach (31)

Die Werte sind in untenstehender Tabelle 14 angegeben.

	F_1^S	F_2^S	F_3^S
M_1^X	0,2840	0,0506	0,0000
M_2^X	0,0220	0,2825	0,0527
M_3^X	0,0000	0,0290	0,2793

Tabelle 14: Werte für $W(F_j^S, M_m^X)$

4. Schritt: Berechnung von $W(F_j^S | M_m^X)$ nach (29)

Die Werte sind in untenstehender Tabelle 15 angegeben.

	F_1^S	F_2^S	F_3^S
M_1^X	0,8489	0,1511	0,0000
M_2^X	0,0616	0,7909	0,1475
M_3^X	0,0000	0.0940	0,906o

Tabelle 15: Werte für $W(F_j^S \, M_m^X)$

5. Schritt: Berechnung von $U(A_i^D | M_m^X)$ nach (26)

Die Werte sind in untenstehender Tabelle 16 angegeben.

	A_1^D	A_2^D	A_3^D
M_1^X	93,022	22,665	-51,291
M_2^X	111,443	148,135	103,662
M_3^X	119,060	195,300	281,200

Tabelle 16: Werte für $U(A_i^D | M_m^X)$

6. Schritt: (Ergebnis) Ermittlung der optimalen Aktionen

$$A_o^D(M_1^X) = A_1^D$$

$$A_o^D(M_2^X) = A_2^D$$

$$A_o^D(M_3^X) = A_3^D$$

Bei Vorlage der Information M_λ^X wird unter den hier aufgestellten Prämissen demnach die Aktion A_λ^D als optimale gewählt.

2.4.3   Grundzüge eines Verfahrens zur Ermittlung der durchzusetzenden (scharfen) Aktion aus der optimalen unscharfen
Aktion

2.4.3.1 Idee und Grobdesign des Verfahrens

Entscheidungsmodelle, in denen der Aktionenraum als Menge unscharfer Aktionen definiert ist, lösen das vorliegende Entscheidungsproblem durch die Angabe einer optimalen Aktion, welche ihrerseits als unscharfe Menge auf dem (scharfen) Aktionenraum D gegeben ist. Mit dieser Lösung wird jedoch lediglich eine Tendenz aufgezeigt, in welcher groben Richtung die Alternative d_o zu suchen ist, welche letztlich die optimale Aktion darstellt.

Der Entscheidungsfindungsprozeß vollzieht sich - nach unserem
Vorschlag - nacheinander auf jeweils hierarchisch geordneten
Stufen. Die höchste Stufe legt durch $A_o^D \in A$ die Tendenz fest
und gibt dieses Ergebnis zur weiteren Entscheidungsfindung
der nachgeordneten Stufe weiter. Im Einklang mit gewissen Kriterien, die unten im Detail erläutert und aus entsprechenden
Prämissen noch abgeleitet werden, wird die Anzahl aller potentiellen Aktionen bei der Weitergabe zu einer nachgeordneten
Stufe geringer.

Diese Stufe definiert das Problem in möglichst adäquater Weise
mit dem Ausgangsproblem nun über die geringere Anzahl poten-
tieller Aktionen neu. Der Zustandsraum bleibt unangetastet. Zur
Neudefinition des Entscheidungsproblems werden - nach einem
unten dargestellten Vorschlag - Nutzenziffern von Aktion/Zu-
standspaaren aufgestellt, nachdem über der Menge der verbleibenden potentiellen Aktionen neue unscharfe Aktionen definiert
wurden. Die optimale Lösung wird dann in gleicher Weise wie auf
der höher gelegenen Stufe numerisch bestimmt und der nachfol-
genden wieder vorgegeben. Diese Vorgehensweise vollzieht sich
so lange, bis die Anzahl der verbleibenden potentiellen Aktionen
eine vorgegebene Schranke unterschreitet.[1]

Nachdem wir im folgenden diese Idee und das Grobdesign des Verfahrens mit der eingeführten Symbolik vertiefend erläutern, fas-
sen wir die Vorgehensweise in einem Flußdiagramm zusammen. Nach
einer Diskussion der unterstellten Prämissen widmen wir uns dem
Vorschlag, wie auf jeder Stufe die Nutzenziffern für neue Aktion/
Zustandspaare in konsistenter Weise berechnet werden. Schließlich illustrieren wir das Verfahren an einem Beispiel.

---

[1] Vgl. [SOM]-77b

Es wird von einer bereits gefundenen optimalen unscharfen Aktion A_o^D ausgegangen, die als unscharfe Menge mittels μ_{A_o} auf dem scharfen Aktionenraum D definiert ist.

1. Annahme:[1] Die durchzusetzende Aktion $d_o \in D$ ist in der stützenden Menge von A_o^D enthalten.

Demnach gilt:

$$d_o \in \{d_h \mid \mu_{A_o}(d_h) > 0\} = D^1$$

Wir bezeichnen diese stützende Menge mit D^1.

2. Annahme: Die stützende Menge D^1 enthält weniger Elemente als die Menge D aller potentiellen Aktionen.

Demnach gilt:

$$\exists d_h \in D : \mu_{A_o}(d_h) = 0$$

Der Entscheidungsraum[2] ist damit verkleinert worden. Wir geben

---

[1] Eine Prämissenkritik schließt sich unten in 2.4.3.3 an.

[2] Als Entscheidungsraum bezeichnen wir in diesem Zusammenhang die Menge aller Alternativen d_h. Diese Menge enthält von Stufe zu Stufe im Verlauf der beschriebenen Vorgehensweise weniger Elemente, bis d_o als optimale Aktion übrig bleibt. Als Aktionenraum D bezeichnen wir dagegen die Menge aller zur Verfügung stehenden Aktionen d_h.

das Entscheidungsproblem auf das nächst niedere Niveau ab.[1]
Dieses definiert das Problem über D^1 neu. Dies bedeutet, daß

(i)   eine neue Aktionenmenge $A^1 = \{A_{i_1}^{D^1}\}$ $(i_1 = 1,\ldots,\bar{i}_1)$ mittels $\mu_{A_{i_1}} : D^1 \to [0,1]$

definiert wird, und

(ii)   eine neue Nutzenfunktion

$u^1 : A^1 \times F \to [\underline{u}, \bar{u}]$ aufgestellt wird.

Die Aufstellung von Nutzenziffern neu definierter Aktionen wirft
gewisse Probleme auf. Wir entwickeln unten in 2.4.3.4 dafür eine
Vorgehensweise.

Das neue Problem $< A^1, F, W(s_k), u^1(A_{i_1}^{D^1}, F_j^S)>$ habe $A_{o_1}^{D^1}$ als optimale Lösung. Die Annahmen 1 und 2 werden für alle Stufen des Entscheidungsfindungsprozesses verallgemeinert. Dies bedeutet, daß
die optimale Aktion d_o jetzt in einer wiederum kleineren Menge
D^2 enthalten ist.[2] Demnach gilt:

$$d_o \in \{d_h \mid \mu_{A_{o_1}}(d_h) > 0\} = D^2$$

und
$$|D^2| < |D^1|$$

---

[1] Man stelle sich vor, daß alle $d_h \in D^1$ eine "Grob-Abgrenzung (Vorentscheidung, erste Einengung)", bzw. "Vor-Strukturierung des Alternativenraums" im Sinne von Szyperski und Winand (vgl. [SZW]-74, S. 4) darstellen. Eine hirarchisch tiefer angeordnete Stelle der betrieblichen Organisation arbeitet dann am Entscheidungsfindungsprozeß in der unten dargestellten Weise weiter.

[2] Formal: $\exists\, d_h \in D^1: \mu_{A_{o_1}}(d_h) = 0$.

Die weitere Vorgehensweise ist klar. Wir setzen die Einengung des Entscheidungsraums soweit fort, bis nur noch eine einzige Aktion, eben d_o, übrig bleibt. Der Algorithmus kann jedoch nach Vorgabe einer Ziffer $\Delta \in N$, die die maximal zulässige Anzahl von Elementen d_h auf der letzten Entscheidungsstufe angibt, vorzeitig abgebrochen werden. Diese Ziffer Δ wird dabei von der hirarchisch höchsten Stufe vorgegeben. Bevor wir ein Flußdiagramm für diesen Algorithmus entwickeln, stellen wir ihn in Abbildung 6 noch einmal strukturell dar.

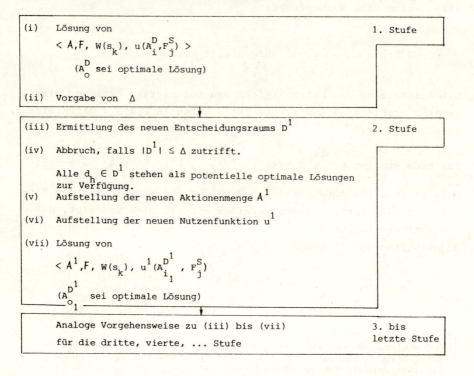

Abb. 6 : Struktur der Vorgehensweise zur Ermittlung der durchzusetzenden

(scharfen) Entscheidung aus der optimalen unscharfen Aktion

2.4.3.2 Der formale Ablauf des Verfahrens

Wir führen einen Stufenindex q = O, 1, 2, ..., $\bar{q}$ ein. Ein Problem in der Stufe q wird demnach durch

$$< A^q, F,\ W(s_k),\ u^q\ (A^{D^q}_{i_q}\ ,\ F^S_j)\ >$$

gekennzeichnet. Das mit q = O indizierte Problem entspricht dabei dem bereits an mehreren Stellen dieser Arbeit diskutierten Problem $< A,F,\ W(s_k),\ u(A^D_i,F^S_j)\ >.$[1]

Der formale Ablauf dieses Algorithmus läßt sich dann in folgendem Flußdiagramm darstellen.

---

[1] Vgl. insbesondere 2.4.1. 2

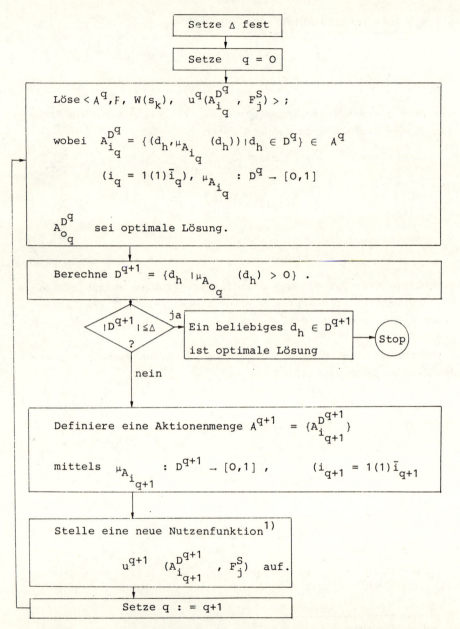

Abb. 7 : Flußdiagramm zur Ermittlung der optimalen scharfen

Aktion aus der optimalen unscharfen Aktion

[1] Vgl. dazu die Ausführungen in 2.4.3.4

2.4.3.3 Eine Prämissenkritik

Diese Vorgehensweise basiert im wesentlichen auf zwei Annahmen, die es im folgenden zu diskutieren gilt.

(1) Die erste Annahme, daß die durchzusetzende Entscheidung d_o Element der stützenden Menge der unscharfen Aktion A_o^D ist, allgemein formuliert für jede Stufe

$$\forall q = 1(1)\bar{q} : \quad d_o \in \{d_h \mid \mu_{A_{o_q}} (d_h) > 0\}$$

scheint uns dem intuitiven Empfinden des Entscheidungs-
fällers adäquat zu sein.[1]

(2) Die zweite Annahme trifft stets zu, wenn für jede unscharfe Aktion in jeder Stufe die Zugehörigkeitsfunktion mindestens für ein $d_h \in D^q$ den Wert Null aufweist, formal:

$$\forall q = 0(1)\bar{q} , \quad \forall i_q = 1_q, 2_q, \ldots, \bar{i}_q, \exists d_h \in D^q:$$

$$\mu_{A_{i_q}} (d_h) = 0$$

Dies bedeutet, daß immer mindestens eine scharfe Alternative d_h existiert, auf welche die unscharfe Aussage $A_{i_q}^{D^q}$ nicht zutrifft. Auch diese Prämisse scheint der Intuition bei sinn-
voller Definition unscharfer Aussagen nicht zuwider zu lau-
fen.

---

[1] Sei $X = \{x_1, \ldots, x_j, \ldots, x_{\bar{j}}\}$ gegeben. Eine unscharfe Menge A auf X enthalte ein Element x^* mit $\mu_A(x^*) = 0$. Obwohl es als Komponente des Zweitupels $(x^*, \mu_A(x^*))$ formal in A eingeht, so trifft dennoch die A charakterisieren-
de unscharfe Aussage auf x^* nicht zu.

2.4.3.4 Zur Ermittlung von Nutzenziffern neu definierter

Aktionen

Wir diskutieren im folgenden die Frage, wie - in konsistenter
Weise zu bisher gefundenen Beziehungen - eine Nutzenziffer für
jedes neue Aktion/Zustandspaar (A_i^D, F_j^S) gefunden werden kann.
An verschiedenen Stellen dieser Arbeit[1] hatten wir die Beziehung

$$u(d_h, s_k) = \sum_{j=1}^{\bar{j}} u(d_h, F_j^S) \; \mu_{F_j}(s_k) \qquad (34)$$

ermittelt, die ein unscharfes Problem in das jeweils zugehörige
scharfe Problem überführt. Diese Beziehung läßt für jede Aktion
aus den gegebenen Nutzenziffern unscharfer Zustände jetzt Nutzenziffern scharfer Zustände ableiten.

Akzeptiert man die zu (34) adäquate Beziehung für die Überfüh-
rung von Nutzenziffern unscharfer Aktionen in Nutzenziffern
scharfer Aktionen in jedem Zustand

$$u(d_h, s_k) = \sum_{i=1}^{\bar{i}} u(A_i^D, s_k) \; \mu_{A_i}(d_h) \qquad (35)$$

liegt im Grobkonzept ein Instrument vor, Nutzenziffern für neu
definierte Aktionen niederen Niveaus des Entscheidung
prozesses zu berechnen. Wie F soll in gleicher Weise auch A der
Orthogonalitätsbedingung genügen; es soll also gelten, daß

$$\forall h = 1(1)\bar{h} : \sum_{i=1}^{\bar{i}} \mu_{A_i}(d_h) = 1 \qquad (36)$$

---

[1] Siehe Gleichung (14) in 2.4.1.1. und (i) in 2.4.1.3.3; eine Version für
den Fall unscharfer Aktionen ist Gleichung (18) in 2.4.1.2.2 .

Wir fordern zusätzlich, daß jede Zugehörigkeitsfunktion μ_{A_i}
mindestens eine Aktion d_h mit $\mu_{A_i}(d_h) = 1$ bewertet.[1)]

Diese Bedingung erleichtert die numerische Analyse.[2)]

$$\forall i = 1(1)\bar{i} \ , \ \exists \ h = 1(1)\bar{h} \ : \ \mu_{A_i}(d_h) = 1 \qquad (37)$$

Bevor wir die Vorschrift zur Berechnung von Nutzenziffern neu
definierter Aktionen im Detail angeben, müssen wir die Bedingungen (35), (36) und (37) den Anforderungen des Verfahrens
anpassen, also mit dem Stufenindex q versehen.

In (35) bedeutet $u(A_i^D, s_k)$ die Nutzenziffer auf einem höheren
Niveau der Entscheidungsfindung. Wir indizieren mit q. Darüberhinaus betrachten wir direkt den Fall mit unscharfen Zuständen
F_j^S, was an der Problemstellung nichts ändert. $u(d_h, s_k)$ kennzeichnet Nutzenziffern im scharfen Fall, also auf dem niedrig-
sten Niveau. Wir indizieren daher mit $\bar{q}$. Insgesamt ergibt sich
für (35) dann die für den Algorithmus äquivalente Beziehung:

$$u^{\bar{q}}(d_h, F_j^S) = \sum_{i_q=1}^{\bar{i}_q} u^q(A_{i_q}^{D^q}, F_j^S)\,\mu_{A_{i_q}}(d_h) \qquad (38)$$

Die Bedingungen (36) und (37) lauten den Anforderungen des Algorithmus entsprechend:

$$\forall q = 0(1)\bar{q} \ , \ \forall h = 1(1)\bar{h} \ : \ \sum_{i_q=1}^{\bar{i}_q} \mu_{A_{i_q}}(d_h) = 1 \qquad (39)$$

[1)] Es erscheint im Allgemeinen durchaus als sinnvoll zu fordern, daß eine unscharfe Aussage A, definiert mittels μ_A als unscharfe Menge auf X, für
mindestens ein $x \in X$ mit höchstem Zugehörigkeitswert $\mu_A(x) = 1$ zutrifft.

[2)] Über die Orthogonalitätsbedingung (36) gilt dann auch mit $\bar{i} > 1$:

$$\forall i = 1(1)\bar{i}, \exists \ h = 1(1)\bar{h} \ : \ \mu_{A_i}(d_h) = 0$$

Dadurch wird automatisch gewährleistet, daß der Entscheidungsraum von
Stufe zu Stufe weniger Elemente enthält.

$$\forall q = 0(1)\bar{q} \ , \ \forall i = 1(1)\bar{i} \ , \exists \ h = 1(1)\bar{h} \ : \ \mu_{A_{i_q}}(d_h)=1 \qquad (40)$$

Wir betrachten eine beliebige Stufe q'. Für eine Aktion $A_{i'_{q'}}$ sei mit $d_{h'}$ die Bedingung (40) erfüllt.

$$\mu_{A_{i'_{q'}}}(d_{h'}) = 1 \qquad (41)$$

Mit der Orthogonalitätsbedingung (39) gilt dann:

$$\mu_{A_{i_{q'}}}(d_{h'}) = 0 \quad \forall \ i \neq i' \qquad (42)$$

Die Beziehung (38) vereinfacht sich dann aufgrund von (41) und (42) zu:

$$u^{\bar{q}}(d_{h'}, F_j^S) = u^{q'}(A_{i'_{q'}}^{D^{q'}}, F_j^S) \qquad (43)$$

Für einen Zustand F_j^S gilt demnach, daß in einer beliebigen Stufe q' die Nutzenziffer $u^{q'}$ einer unscharfen Aktion gleich der Nutzenziffer u^q der scharfen Aktion $d_{h'}$ ist, die bezüglich der Zugehörigkeitsfunktion der unscharfen Aktion den Wert $\mu_{A_{i'_{q'}}}(d_{h'}) = 1$ aufweist. $u^q(d_{h'}, F_j^S)$ errechnet sich dabei aus der letzten aktuellen Nutzenfunktion und den letzten aktuellen Zugehörigkeitsfunktionen nach (38).

Zusammenfassung:

Die Zuordnung einer Nutzenziffer für eine neu definierte Aktion $A_{i_{q+1}}^{D^{q+1}}$ im Zustand F_j^S vollzieht sich demnach in den folgenden Schritten:

1. Schritt:

Feststellung der Aktion $d_{h'}$, für die $\mu_{A_{i_{q+1}}}(d_{h'}) = 1$ gilt.

2. Schritt:

Berechnung von $u^{\bar{q}}(d_{h'}, F_j^S)$ nach (38) aus der vorgelagerten Stufe q.

Diese Nutzenziffer stehe stellvertretend für die gesuchte.

Auf einen wesentlichen Aspekt sei an dieser Stelle noch hingewiesen.

Die Nutzenziffern $u^{\bar{q}}$ werden zur Grundlage der Berechnung von
Nutzenziffern unscharfer Aktionen der Stufe q herangezogen, berechnen sich ihrerseits jedoch aus den Nutzenziffern u^{q-1} und
den Werten der Zugehörigkeitsfunktionen $\mu_{A_{i_{q-1}}}$
der jeweils vorgelagerten Stufe. Auf diese Weise gehen die Zugehörigkeitsfunktionen $\mu_{A_{i_q}}$ aller Stufen bis auf die letzte
Stufe $\bar{q}$ in das Nutzenbemessungskalkül ein. Die Werte der Zugehörigkeitsfunktionen $\mu_{A_{i_{\bar{q}}}}$ der letzten Stude sind, $\Delta = 1$ vorausgesetzt, jedoch vorherbestimmt; sie bilden eine Einheitsmatrix.

2.4.3.5 Darstellung am Investitionsbeispiel

Wir setzen das in 2.4.2.1 abgehandelte Beispiel fort; dabei
führen wir jedoch sofort den Stufenindex q ein.[1] Da es sich
dort lediglich um die Ermittlung der optimalen unscharfen
Aktion $A_{o_o}^{D^o}$ handelte, wurde auf die Angabe der Zugehörigkeits-

---

[1] Vgl. 2.4.3.2

funktionen $\mu_{A_{i_o}}(d_h)$, $i_o = 1, 2, \cdot 3$ verzichtet.

Wir betrachten einen scharfen Entscheidungsraum
$D^o = \{d_1, d_2, \dots, d_9\}$ und unterstellen die folgenden Werte
der Zugehörigkeitsfunktionen:

$\mu_{A_{i_o}}$ \ d_h	d_1	d_2	d_3	d_4	d_5	d_6	d_7	d_8	d_9
$\mu_{A_{1_o}}$	1,0	1,0	0,5	0,2	0,0	0,0	0,0	0,0	0,0
$\mu_{A_{2_o}}$	0,0	0,0	0,5	0,8	1,0	0,8	0,5	0,0	0,0
$\mu_{A_{3_o}}$	0,0	0,0	0,0	0,0	0,0	0,2	0,5	1,0	1,0

Tabelle 17: Gegebene Werte der Zugehörigkeitsfunktionen unscharfer Aktionen $\mu_{A_{i_o}}(d_h)$

(1) Wir setzen $\Delta = 2$ fest.

(2) Als optimale Aktion $A_{o_o}^{D_o^o}$ hatten wir $A_{2_o}^{D_o^o}$ ermittelt.

(3) Als Entscheidungsraum D^1 erhalten wir:

$$D^1 = \{d_3, d_4, \dots, d_7\}$$

(4) Da $|D^1| = 5 \nleq \Delta = 2$ setzen wir den Entscheidungsfindungs-
prozeß fort.

(5) Wir definieren eine neue Aktionenmenge $A^1 = \{A_{1_1}^{D_1^1}, A_{2_1}^{D_1^1}\}$

durch die folgenden Zugehörigkeitsfunktionen auf D^1:

$\mu_{A_{i_1}}$ \\ d_h	d_3	d_4	d_5	d_6	d_7
$\mu_{A_{1_1}}$	1,0	0,8	0,5	0,2	0,0
$\mu_{A_{2_1}}$	0,0	0,2	0,5	0,8	1,0

Tabelle 18: Definition der Zugehörigkeitsfunktionen unscharfer Aktionen der 2. Stufe

(6) Wir führen die Nutzenbemessung der beiden Aktionen für jeden Zustand F_j^S durch. Die Kalkulationen unter 2.4.3.5.1 weisen die Resultate auf:

	F_1^S	F_2^S	F_3^S
$A_{1_1}^{D^1}$	45	130	160
$A_{2_1}^{D^1}$	-40	125	250

Tabelle 19: Werte der Nutzenfunktion $u^1(A_{i_1}^{D^1}, F_j^S)$

(7) Das Problem

$$< A^1, F, W(s_k), u^1(A_{i_1}^{D^1}, F_j^S) >$$

besitzt $A_{2_1}^{D^1}$ als optimale Lösung (vgl. 2.4.3.5.2).

(8) Als Entscheidungsraum D^2 erhalten wir:

$$D^2 = \{d_4, d_5, d_6, d_7\}$$

(9) Da $|D^2| = 4 \nleqq \Delta = 2$ setzen wir den Entscheidungsfindungs-
prozeß fort.

(10) Wir definieren eine neue Aktionenmenge

$$A^2 = \{A_{1_2}^{D^2}, A_{2_2}^{D^2}, A_{3_2}^{D^2}\} \quad \text{durch die folgenden Zugehörigkeits-}$$

funktionen auf D^2:[1]

$\mu_{A_{i_2}}$ \ d_h	d_4	d_5	d_6	d_7
$\mu_{A_{1_2}}$	1,0	0,0	0,0	0,0
$\mu_{A_{2_2}}$	0,0	1,0	0,5	0,0
$\mu_{A_{3_2}}$	0,0	0,0	0,5	1,0

Tabelle 20: Definition der Zugehörigkeitsfunktionen un-

scharfer Aktionen der 3. Stufe

(11) Unten[2] sind die Kalkulationen für die Nutzenbemessung aufgeführt. Wir geben die Ergebnisse an:

	F_1^S	F_2^S	F_3^S
$A_{1_2}^{D^2}$	28	129	178
$A_{2_2}^{D^2}$	2,5	127,5	205
$A_{3_2}^{D^2}$	-40	125	250

Tabelle 21: Werte der Nutzenfunktion $u^2(A_{i_2}^{D^2}, F_j^S)$

[1] Auf diesem Niveau fällt bereits die Entscheidung, da $|D^3| \leqq \Delta$ gilt.

[2] Vgl. 2.4.3.5.3

(12) Das Problem

$$< A^2, F, W(s_k), u^2(A^{D^2}_{i_2}, F^S_j) >$$

besitzt $A^{D^2}_{3_2}$ als optimale Lösung.[1]

(13) Als Entscheidungsraum D^3 erhalten wir

$$D^3 = \{d_6, d_7\}$$

(14) Da $\Delta = 2$ festgesetzt wurde, sind d_6 und d_7 die optimalen scharfen Entscheidungen.

---

[1] Vgl. 2.4.3.5.4

2.4.3.5.1 Feststellung der Nutzenziffern für $A_{i_1}^{D_1}$ (i = 1,2)

(1) Feststellung der Nutzenziffern für $A_{1_1}^{D_1}$

1. Schritt:

$\mu_{A_{1_1}}(d_3) = 1$

2. Schritt:

$\bar{u}^q(d_3, F_1^S) = 90 \cdot 0,5 + 0 \cdot 0,5 - 80 \cdot 0 = 45$

$\bar{u}^q(d_3, F_2^S) = 110 \cdot 0,5 + 150 \cdot 0,5 + 100 \cdot 0 = 130$

$\bar{u}^q(d_3, F_3^S) = 120 \cdot 0,5 + 200 \cdot 0,5 + 300 \cdot 0 = 160$

$\bar{u}^q(d_3, F_j^S) = u^1(A_{1_1}^{D_1}, F_j^S)$

(2) Feststellung der Nutzenziffern für $A_{2_1}^{D_1}$

1. Schritt:

$\mu_{A_{2_1}}(d_7) = 1$

2. Schritt:

$\bar{u}^q(d_7, F_1^S) = 90 \cdot 0 + 0 \cdot 0,5 - 80 \cdot 0,5 = -40$

$\bar{u}^q(d_7, F_2^S) = 110 \cdot 0 + 150 \cdot 0,5 + 100 \cdot 0,5 = 125$

$\bar{u}^q(d_7, F_3^S) = 120 \cdot 0 + 200 \cdot 0,5 + 300 \cdot 0,5 = 250$

$$u^{\bar{q}}(d_7, F_j^S) = u^1(A_{2_1}^{D^1}, F_j^S)$$

2.4.3.5.2 Feststellung des Erwartungsnutzens $U^1(A_{o_1}^{D^1})$

$$U^1(A_{i_1}^{D^1}) = \sum_{j=1}^{3} u^1(A_{i_1}^{D^1}, F_j^S) \, W(F_j^S)$$

$$U^1(A_{1_1}^{D^1}) = 113,95$$

$$U^1(A_{2_1}^{D^1}) = 116,01$$

$$U^1(A_{2_1}^{D^1}) = U^1(A_{o_1}^{D^1}) = \max (U^1(A_{1_1}^{D^1}) , U^1(A_{2_1}^{D^1})) = 116,01$$

2.4.3.5.3 Feststellung der Nutzenziffern für $A_{i_2}^{D^2}$ (i = 1(1)3)

(1) Feststellung der Nutzenziffern für $A_{1_2}^{D^2}$

1. Schritt:

$$\mu_{A_{1_2}}(d_4) = 1$$

2. Schritt:

$$u^{\bar{q}}(d_4, F_1^S) = 45 \cdot 0,8 - 40 \cdot 0,2 = 28$$

$$u^{\bar{q}}(d_4, F_2^S) = 130 \cdot 0,8 + 125 \cdot 0,2 = 129$$

$$u^{\bar{q}}(d_4, F_3^S) = 160 \cdot 0,8 + 250 \cdot 0,2 = 178$$

$$u^{\bar{q}}(d_4, F_j^S) = u^2(A_{1_2}^{D^2}, F_j^S)$$

(2) Feststellung der Nutzenziffern für $A_{2_2}^{D^2}$

<u>1. Schritt:</u>

$$\mu_{A_{2_2}}(d_5) = 1$$

<u>2. Schritt:</u>

$$u^{\bar{q}}(d_5, F_1^S) = \quad 45 \cdot 0,5 - \quad 40 \cdot 0,5 = \quad 2,5$$

$$u^{\bar{q}}(d_5, F_2^S) = 130 \cdot 0,5 + 125 \cdot 0,5 = 127,5$$

$$u^{\bar{q}}(d_5, F_3^S) = 160 \cdot 0,5 \quad 250 \cdot 0,5 = 205$$

$$u^{\bar{q}}(d_5, F_j^S) = u^2(A_{2_2}^{D^2}, F_j^S)$$

(3) Feststellung der Nutzenziffern für $A_{3_2}^{D^2}$

<u>1. Schritt:</u>

$$\mu_{3_2}(d_7) = 1$$

<u>2. Schritt:</u>

$$u^{\bar{q}}(d_7, F_1^S) = \quad 45 \cdot 0 - \quad 40 \cdot 1 = -40$$

$$u^{\bar{q}}(d_7, F_2^S) = 130 \cdot 0 + 125 \cdot 1 = 125$$

$$u^{\bar{q}}(d_7, F_3^S) = 160 \cdot 0 + 250 \cdot 1 = 250$$

$$u^{\bar{q}}(d_7, F_j^S) = u^2(A_{3_2}^{D^2}, F_j^S)$$

2.4.3.5.4 Feststellung des Erwartungsnutzens $U^2(A_{o_2}^{D^2})$

$$U^2(A_{i_2}^{D^2}) = \sum_{j=1}^{3} u^2(A_{i_2}^{D^2}, F_j^S) \quad W(F_j^S)$$

$$U^2(A_{1_2}^{D^2}) = 114,36$$

$$U^2(A_{2_2}^{D^2}) = 114,98$$

$$U^2(A_{3_2}^{D^2}) = 116,01$$

$$U^2(A_{3_2}^{D^2}) = U^2(A_{o_2}^{D^2}) = \max_{i=1}^{3} U^2(A_{i_2}^{D^2}) = 116,01$$

2.5 Ergebnisse der unscharfen Bayes-Analyse

Wir schließen die Darstellung der stochastischen Entscheidungsmodelle mit einer vergleichenden Analyse der Informationenmengen
X und M ab. Zwei Gütekriterien werden aufgestellt. Sie zeigen, daß
der Entscheidungsfindungsprozeß durch die Berücksichtigung von
Informationenmengen zu besseren Ergebnissen führt. Allerdings
stellt sich auch heraus, daß die Verbesserung der Ergebnisse
durch eine scharfe Informationenmenge größer ist als durch eine
unscharfe. Wir werden unsere Ausführungen auch am obigen Investitionsbeispiel illustrieren.
Wir beenden diesen Abschnitt mit der Diskussion zweier interes-
santer Spezialfälle der Bayes-Formel im unscharfen Fall.

2.5.1 Kriterien für die Güte unscharfer Bayes-Analysen

2.5.1.1 Informationswertschätzung mithilfe des Bayesschen Theorems

Wir stellen im folgenden ein Kriterium vor, das eine Aussage über den Wert der Informationenmenge X und M zuläßt. Wir entnehmen es den Arbeiten von Tanaka, Okuda und Asai[1].

2.5.1.1.1 Die theoretische Konzeption

Nach (19) bzw. (25) hatten wir den Erwartungsnutzen einer unscharfen Aktion in Abhängigkeit von einer gegebenen Randinformation errechnet. Wir nehmen diese Gleichungen als Ausgangspunkt für die folgenden Überlegungen zur Bestimmung des Wertes einer Informationenmenge; sowohl für den Fall einer scharfen Informationenmenge X, als auch für den Fall einer unscharfen Informationenmenge M. Als totaler Erwartungsnutzen optimaler Aktionen bei gegebener Informationenmenge X wird

$$U(A_o^D(X)) = \sum_{l=1}^{\bar{l}} U(A_o^D(x_l) \mid x_l) \ W(x_l) \qquad (44)$$

definiert.[2]

$U(A_o^D(X))$ ist demnach der Erwartungswert aller Erwartungsnutzen der von den Informationen abhängigen optimalen Entscheidungen.

Vergleichen wir diesen totalen Erwartungsnutzen mit dem Erwartungsnutzen $U(A_o^D)$ der optimalen Entscheidung ohne Eingang von Randinformationen,[3] erhalten wir eine Aussage über den Wert der

---

[1] Vgl. [TOA]-76, S. 26f.

[2] Vgl. dazu [TOA]-76, S. 26

[3] Vgl. Gleichung (17)

Informationenmenge X.

Vorherrschend wird dafür in der einschlägigen Literatur[1] die
Differenz beider Erwartungsnutzen wie in (45) gebildet.

$$V(X) = U(A_o^D(X)) - U(A_o^D) \qquad (45)$$

V(X) wird dann als Wert der Informationenmenge X bezeichnet. Es
kann gezeigt werden, daß stets gilt:[2]

$$V(X) \geq 0 \qquad (46)$$

Die Aufnahme und Berücksichtigung von Randinformationen im Entscheidungsfindungskalkül führt also nie zu einem Verlust an Erwartungsnutzen.

In analoger Weise wird der Wert einer unscharfen Informationenmenge M bestimmt. Mit dem totalen Erwartungsnutzen optimaler
Aktionen bei gegebener unscharfer Informationsmenge M

$$U(A_o^D(M)) = \sum_{m=1}^{\overline{m}} U(A_o^D(M_m^X) \mid M_m^X) \ W(M_m^X) \qquad (47)$$

ergibt sich als Wert von M :

$$V(M) = U(A_o^D(M)) - U(A_o^D) \qquad (48)$$

Eine interessante Aussage über die Güte einer unscharfen Informationenmenge dürfte durch die Differenz:

$$V(M,X) = V(M) - V(X) \qquad (49)$$

---

[1] Vgl. dazu [MAR]-54, S. 187 - 220, insbes. 200 - 202, [ALB]-62, S. 201 - 214,
[ALB]-69, S. 720 - 727, [TEI]-71, S. 761 - 767 und [REH]-73, S. 55f. und 154

[2] zum Beweis siehe [OTA]-74, S. 6

gegeben sein. Der Absolutbetrag von $V(M,X)$ gibt den Verlust an Erwartungsnutzen aufgrund der Unschärfe in der Informationenmenge an.

Es kann gezeigt werden[1], daß der Wert einer scharfen Informationenmenge nicht kleiner als der Wert einer unscharfen Informationenmenge ist:

$$V(M) \leq V(X) \tag{50}$$

2.5.1.1.2 Darstellung am Investitionsbeispiel

Als totaler Erwartungsnutzen optimaler Aktionen bei gegebener scharfer Informationenmenge X ergibt sich nach (44)

$$U(A_O^D(X)) = 176,45$$

Im analogen Fall der unscharfen Informationenmenge M errechnet sich nach (47)

$$U(A_O^D(M)) = 172,58$$

Mit $U(A_O^D) = 120,7$ [2] ergeben sich daraus die Werte der Informationenmenge X und M:

$$V(X) = 55,75 \qquad \text{nach (115)}$$
$$V(M) = 51,88 \qquad \text{nach (118)}$$

Als Güte der Informationenmenge M zeigt sich nach (49) lediglich ein Verlust an Erwartungsnutzen aufgrund ihrer Unschärfe von:

$$|V(M,X)| = 3,87$$

---

[1] Zum Beweis siehe [OTA]-74, S. 8
[2] Vgl. 2.4.2.1(4)

2.5.1.2 Entropie als Unsicherheitsmaß für die Realisation von

Zuständen

Wir untersuchen im folgenden den Einfluß von Randinformationen auf die Unsicherheit bezüglich der Realisation eines Umweltzustands.

2.5.1.2.1 Die theoretische Konzeption

Als Maß für die einer Wahrscheinlichkeitsverteilung zugrundeliegende Unsicherheit hat die Informationstheorie[1] den Begriff der Entropie eingeführt.[2]

Bezogen auf den hier zu untersuchenden Zustandsraum $S = \{s_k\}$ wird als Unsicherheitsmaß

$$H(S) = -\sum_{k=1}^{\bar{k}} W(s_k) \ \text{ld} \ W(s_k) \qquad (51)$$

definiert.[3] $H(S)$ heißt dann Entropie des Zustandsraums S.

Die bedingte Entropie bei Vorlage einer Information x_1 wird mit

$$H(S|x_1) = -\sum_{k=1}^{\bar{k}} W(s_k|x_1) \ \text{ld} \ W(s_k|x_1) \qquad (52)$$

notiert. Der Erwartungswert aller nach (52) gebildeten bedingten Entropiemaße wird dann mit Entropie des Zustandsraums S bei gegebener Informationsmenge X bezeichnet:[4]

---

[1] Dieser Begriff wird in gleicher Interpretation auch in anderen Wissenschaftsdisziplinen eingeführt, vgl. [BEC]-66, S. 17 - 22; er geht auf C.E. Shannon und W. Weaver zurück, [SHW]-49

[2] Vgl. [STA]-70, S. 128 - 141, insbes. S. 130, [DEG]-70, S. 431, [TRI]-73, S. 105ff.

[3] Wir arbeiten mit dem logarithmus dualis, um die Entropie in Bit messen zu können, vgl. dazu [KIR]-71, S. 80, bzw. [PET]-67, S. 157

[4] Vgl. [SZA]-74, S. 13

$$H(S|X) = \sum_{l=1}^{\bar{l}} H(S|x_l)\, W(x_l) \tag{53}$$

Die Differenz der nach (51) und (53) gebildeten Entropiemaße

$$I(X) = H(S) - H(S|X) \tag{54}$$

läßt eine Aussage über die Verminderung der Aussagefähigkeit der
Realisation eines Zustands aufgrund der Informationenmenge X zu.
I(X) wird in der Literatur oft als "Shannon measure" oder "statistical information"[1] oder einfach als "quantity of information"[2]
bezeichnet. Wir wollen es an den wenigen Stellen, an denen wir
darauf zurückkommen, "Unsicherheitsmaß I" nennen.

Dabei gilt allgemein:

$$0 \leq H(S|X) \leq H(S) \quad [3] \tag{55}$$

Demnach auch: $I(X) \geq 0$

Durch (55) kommt zum Ausdruck, daß die Unsicherheit bezüglich
der Realisation eines Zustands geringer werden kann, wenn eine
Informationenmenge X in das Entscheidungsfindungskalkül mit ein-
bezogen wird. Im folgenden wollen wir untersuchen, wie sich eine
unscharfe Informationenmenge auf das Unsicherheitsmaß I auswirkt.
Dazu führen wir in Analogie zu H(S|X) eine Entropie H(S|M) ein.

$$H(S|M_m^X) = - \sum_{k=1}^{\bar{k}} W(s_k|M_m^X)\, \text{ld}\, W(s_k|M_m^X) \tag{56}$$

$$H(S\ |M) = \sum_{m=1}^{\bar{m}} H(S|M_m^X)\, W(M_m^X) \tag{57}$$

[1] Vgl. [SZA]-74, S. 13
[2] Vgl. [TOA]-76, S. 27
[3] Zum Beweis siehe [OTA]-74, S. 9ff.

Es ist zu beweisen, daß auch für H(S | M) die zu (55) analoge
Beziehung

$$O \leq H(S \mid M) \leq H(S) \tag{58}$$

gilt. Vor allem interessiert uns, ob die Vermutung

$$H(S \mid M) \geq H(S \mid X) \tag{59}$$

zutrifft. Ist (59) bewiesen, so gilt mit $H(S \mid X) \geq O$ aus (55)
auch die erste Ungleichung $O \leq H(S \mid M)$ der Ungleichungskette
(58) und es bleibt zu beweisen, daß stets

$$H(S \mid M) \leq H(S) \tag{60}$$

gilt.

Wir führen im folgenden die Beweise für die Verifikation von
(59) und (60),

Beweise

Beweis für $H(S|M) \geq H(S|X)$

Definitionen und Notationen:

Wir wollen im folgenden beweisen, daß stets

$$H(S|X) \leq H(S|M) \tag{B1}$$

gilt. Dazu benötigen wir neben den bereits eingeführten Definitionen

$$W(M_m^X | s_k) = \sum_{l=1}^{\bar{l}} \mu_{M_m}(x_l) \, W(x_l | s_k) \tag{B2}$$

$$W(M_m^X) = \sum_{k=1}^{\bar{k}} W(M_m^X | s_k) \, W(s_k) \tag{B3}$$

noch die folgenden. Zunächst führen wir für spätere verkürzte Notationen vier Vektoren ein:

$$\bar{W}_{M_m} = (W(M_m^X | s_1), \ldots, W(M_m^X | s_{\bar{k}}))^T = (W(M_m^X | s_k))^T \tag{B4}$$

$$\bar{W}_{x_l} = (W(x_l | s_1), \ldots, W(x_l | s_{\bar{k}}))^T = (W(x_l | s_k))^T \tag{B5}$$

$$\bar{W} = (W(s_1), \ldots, W(s_{\bar{k}}))^T = (W(s_k))^T \tag{B6}$$

$$\bar{V} = (v_1, \ldots, v_{\bar{k}})^T = (v_k)^T, \quad \sum_{k=1}^{\bar{k}} v_k > 0, \quad \forall k : v_k \geq 0 \tag{B7}$$

Die folgende Operation $\oplus$ verknüpft zwei dimensionsgleiche Vektoren $A = (a_1, \ldots, a_{\bar{p}})^T$ und $B = (b_1, \ldots, b_{\bar{p}})^T$:

$$A \oplus B = \left(\frac{a_1 b_1}{A^T B}, \ldots, \frac{a_{\bar{p}} b_{\bar{p}}}{A^T B} \right)^T = \left(\frac{a_{\bar{p}} b_{\bar{p}}}{A^T B} \right)^T \tag{B8}$$

Das Ergebnis von A $\oplus$ B ist demnach ein wie A und B dimensionierter Vektor.

Erfüllt ein Vektor A = $(a_1, \ldots , a_{\bar{p}})^T = (a_p)^T$ die Bedingungen

$$\sum_{p=1}^{\bar{p}} a_p = 1 \quad \text{und} \quad \forall p : a_p \geq 0$$

so bezeichnen wir mit

$$H(A) = H(a_1, \ldots , a_{\bar{p}}) = H((a_p)^T) = - \sum_{p=1}^{\bar{p}} a_p \, \text{ld} \, a_p \qquad (B9)$$

die Entropie von A. Oft benutzen wir die Schreibweise $H(A \oplus B)$. Sie beinhaltet nach den Definitionen (B8) und (B9):

$$H(A \oplus B) = - \sum_{p=1}^{\bar{p}} \frac{a_p b_p}{A^T B} \, \text{ld} \, \frac{a_p b_p}{A^T B} \qquad (B10)$$

Wir definieren für einen Vektor A = $(a_1, \ldots , a_{\bar{p}})^T$ eine Funktion C : $\{A\} \rightarrow \mathbb{R}$.

$$C(A) = \bar{W}^T \, A \, H(\bar{W} \oplus A) \qquad (B11)$$

Beweis:

Die Beweisführung haben wir in die folgenden vier Schritte aufgeteilt.

1. Schritt:

Mit der Definition (B11) erhalten wir für $\bar{W}_{M_m}$:

$$C(\bar{W}_{M_m}) = \bar{W}^T \, \bar{W}_{M_m} \, H(\bar{W} \oplus \bar{W}_{M_m}) \qquad (B12)$$

$\bar{W}^T \bar{W}_{M_m}$ kann geschrieben werden als:

$$\bar{W}^T \bar{W}_{M_m} = \sum_{k=1}^{\bar{k}} W(s_k) \; W(M_m^X | s_k)$$

$$\bar{W}^T \bar{W}_{M_m} = W(M_m^X) \tag{B13}$$

$H(\bar{W} \oplus \bar{W}_{M_m})$ kann geschrieben werden als:

$$H(\bar{W} \oplus \bar{W}_{M_m}) = H\left(\frac{W(s_k) \; W(M_m^X | s_k)}{\bar{W}^T \bar{W}_{M_m}}\right)$$

Mit (B13) und nach der Bayes-Formel gilt:

$$H(\bar{W} \oplus \bar{W}_{M_m}) = H\left(\frac{W(s_k) \; W(M_m^X | s_k)}{W(M_m^X)}\right)$$

$$H(\bar{W} \oplus \bar{W}_{M_m}) = H \; (W(s_k | M_m^X))$$

Nach Definition (B9) erhalten wir:

$$H(\bar{W} \oplus \bar{W}_{M_m}) = - \sum_{k=1}^{\bar{k}} W(s_k | M_m^X) \; \mathrm{ld} \; W(s_k | M_m^X)^{[1]}$$

$$H(\bar{W} \oplus \bar{W}_{M_m}) = H(S | M_m^X) \tag{B14}$$

(B12) wird mithilfe von (B13) und (B14) geschrieben als:

$$C(\bar{W}_{M_m}) = W(M_m^X) \; H(S | M_m^X) \tag{B15}$$

---

[1] Vgl. Gleichung (56)

Nach Summierung über alle unscharfen Informationen erhalten wir
die Entropie des Zustandsraumes bei gegebener unscharfer Informationenmenge M.[1]

$$\sum_{m=1}^{\bar{m}} C(\bar{w}_{M_m}) = \sum_{m=1}^{\bar{m}} W(M_m^X) \; H(S| M_m^X)$$

$$\sum_{m=1}^{\bar{m}} C(\bar{w}_{M_m}) = H(S| M) \tag{B16}$$

Aufgrund der Definition:

$$W(M_m^X | s_k) = \sum_{l=1}^{\bar{l}} W(x_l| s_k) \; \mu_{M_m}(x_l)$$

gilt: $\quad \bar{w}_{M_m} = \displaystyle\sum_{l=1}^{\bar{l}} \mu_{M_m}(x_l)$

Demnach läßt sich (B16) in der Form schreiben:

$$\sum_{m=1}^{\bar{m}} C\left(\sum_{l=1}^{\bar{l}} \bar{w}_{x_l} \; \mu_{M_m}(x_l) \right) = H(S|M) \tag{B17}$$

2. Schritt:

Wir verfahren analog zum ersten Schritt bezüglich einer scharfen
Informationenmenge X.

$$C(\bar{w}_{x_l}) = \bar{w}^T \, \bar{w}_{x_l} \quad H(\bar{w} \oplus \bar{w}_{x_l})$$

$$\bar{w}^T \, \bar{w}_{x_l} = W(x_l)$$

$$H(\bar{w} \oplus \bar{w}_{x_l}) = H\left(\frac{W(s_k) \; W(x_l| s_k)}{W(x_l)} \right)$$

---

[1] Vgl. Gleichung (57)

$$H(\bar{W} \oplus \bar{W}_{x_1}) = H(W(s_k|x_1))$$

$$H(\bar{W} \oplus \bar{W}_{x_1}) = - \sum_{k=1}^{\bar{k}} W(s_k|x_1) \; ld \; W(s_k|x_1)$$

$$H(\bar{W} \oplus \bar{W}_{x_1}) = H(S|x_1)$$

$$C(\bar{W}_{x_1}) \quad\quad = W(x_1) \; H(S|x_1)$$

$$\sum_{l=1}^{\bar{l}} C(\bar{W}_{x_1}) = H(S|X) \tag{B18}$$

3. Schritt:

Wir brauchen im 4. Schritt die Beziehung, daß für einen Vektor
$A = (a_1, \ldots, a_{\bar{k}})^T = (a_k)^T$ gilt:

$$C(\alpha \, A) = \alpha C(A), \quad \alpha \in \mathbb{R} \tag{B19}$$

Wir wollen sie an dieser Stelle beweisen.

$$C(\alpha \, A) = \bar{W}^T (\alpha \quad A) \; H(\bar{W} \oplus (\alpha \, A)) \tag{B20}$$

$$\bar{W}^T(\alpha \quad A) = \alpha (\bar{W}^T A) \tag{B21}$$

$$H(\bar{W} \oplus (\alpha \, A)) = H \left(\frac{W(s_k) \, \alpha \quad a_k}{\bar{W}^T(\alpha \quad A)} \right)$$

$$H(\bar{W} \oplus (\alpha \, A)) = H(\bar{W} \oplus A) \tag{B22}$$

Wir schreiben (B20) mithilfe von (B21) und (B22):

$$C(\alpha \, A) = \alpha (\bar{W}^T A) \; H(\bar{W} \oplus A)$$

$$C(\alpha \, A) = \alpha \; C(A)$$

∎

4. Schritt:

Wenn C konkav[1] ist, gilt die folgende Beziehung[2]:

$$\sum_{l=1}^{\bar{l}} C(\bar{W}_{x_l}) \; \frac{\mu_{M_m}(x_l)}{\alpha_m} \;\leqq\; C\left(\sum_{l=1}^{\bar{l}} \bar{W}_{x_l} \; \frac{\mu_{M_m}(x_l)}{\alpha_m}\right) \quad \forall m$$

wobei:

$$\alpha_m = \sum_{l=1}^{\bar{l}} \mu_{M_m}(x_l) > 0$$

Wir multiplizieren mit α_m und summieren über m.

$$\sum_{m=1}^{\bar{m}} \alpha_m \sum_{l=1}^{\bar{l}} C(\bar{W}_{x_l}) \; \frac{\mu_{M_m}(x_l)}{\alpha_m} \;\leqq\; \sum_{m=1}^{\bar{m}} \alpha_m \; C\left(\sum_{l=1}^{\bar{l}} \bar{W}_{x_l} \; \frac{\mu_{M_m}(x_l)}{\alpha_m}\right)$$

Aufgrund der Beziehung (B19) erhalten wir:

$$\sum_{l=1}^{\bar{l}} \sum_{m=1}^{\bar{m}} \mu_{M_m}(x_l) \, C(\bar{W}_{x_l}) \;\leqq\; \sum_{m=1}^{\bar{m}} C(\bar{W}_{x_l} \; \mu_{M_m}(x_l))$$

Die rechte Seite beinhaltet $H(S\,|M)$, vgl. (B17); die linke Seite ist aufgrund der Orthogonalitätsbedingung

$$\sum_{m=1}^{\bar{m}} \mu_{M_m}(x_l) = 1 \quad \forall\, l$$

ein Ausdruck für $H(S\,|X)$. Demnach gilt:

$$H(S\,|X) \leqq H(S\,|M) \qquad\qquad\qquad \blacksquare$$

---

[1] Der Beweis für die Konkavität von C wird in unten vollzogen.

[2] Es handelt sich hierbei um die Jensen - Ungleichung, vgl. [HLP]-34, S. 7o

Beweis für $H(S|M) \leq H(S)$

Definitionen und Notationen

Die Wahrscheinlichkeit verbundener Ereignisse wird für den unscharfen Fall in Analogie zum scharfen Fall definiert:

$$W(s_k, M_m^X) = W(M_m^X | s_k) \, W(s_k) \tag{B23}$$

Für die verbundene Entropie $H(S,M)$ gilt:[1]

$$H(S,M) = - \sum_{k=1}^{\bar{k}} \sum_{m=1}^{\bar{m}} W(s_k, M_m^X) \, \text{ld} \, W(s_k, M_m^X) \tag{B24}$$

Für die verbundene Wahrscheinlichkeit $W(s_k, M_m^X)$ gilt:

$$\sum_{k=1}^{\bar{k}} W(s_k, M_m^X) = W(M_m^X) \tag{B25}$$

$$\sum_{m=1}^{\bar{m}} W(s_k, M_m^X) = W(s_k) \tag{B26}$$

$H(M)$ wird in analoger Weise zu $H(S)$ definiert:

$$H(M) = - \sum_{m=1}^{\bar{m}} W(M_m^X) \, \text{ld} \, W(M_m^X) \tag{B27}$$

Beweis:

---

1. Schritt:

Wir wollen beweisen, daß stets

$$H(S,M) \leq H(S) + H(M) \tag{B28}$$

gilt. Nach den Definitionen (B25), (B26) und (B27) erhalten wir:

---

[1] Vgl. [FEY]-68, S. 37

$$H(S) = - \sum_{k=1}^{\bar{k}} \sum_{m=1}^{\bar{m}} W(s_k, M_m^X) \; \text{ld} \; W(s_k) \tag{B29}$$

$$H(M) = - \sum_{m=1}^{\bar{m}} \sum_{k=1}^{\bar{k}} W(s_k, M_m^X) \; \text{ld} \; W(M_m^X) \tag{B30}$$

Daraus folgt für die Summe $H(S) + H(M)$:

$$H(S) + H(M) = - \sum_{k=1}^{\bar{k}} \sum_{m=1}^{\bar{m}} W(s_k, M_m^X) \; \text{ld} \; (W(s_k) \, W(M_m^X)) \tag{B31}$$

Die Beziehung

$$- \sum_{k=1}^{\bar{k}} \sum_{m=1}^{\bar{m}} W(s_k, M_m^X) \; \text{ld} \; W(s_k, M_m^X) \leq H(S) + H(M) \tag{B32}$$

ist die auf den Fall verbundener Ereignisse verallgemeinerte Ungleichung (B36).
Sie ist dort bereits bewiesen worden.

Nach der Definition der verbundenen Entropie $H(S,M)$ beinhaltet (B32):

$$H(S,M) \leq H(S) + H(M) \tag{B33}$$

∎

2. Schritt:

Für die verbundene Entropie $H(S,M)$ gilt:[1]

$$H(S,M) = H(S|M) + H(M) \tag{B34}$$

Aus (B33) und (B34) folgt:

$$H(S|M) \leq H(S)$$

∎

---

[1] Der Beweis für (B34) vollzieht sich in gleicher Weise wie für den scharfen Fall, der beispielsweise in [FEY]-68, S. 37 dargestellt ist.

Beweis für die Konkavität von H

Zum Beweis der Konkavität von C benötigen wir die Beziehung, daß auch H konkav ist. Dies wollen wir an dieser Stelle zeigen.

Zunächst beweisen wir, daß für reelle p_i' und q_i' ($i = 1, \ldots, \bar{i}$), die den Bedingungen

$$\sum_{i=1}^{\bar{i}} p_i' = 1, \quad \sum_{i=1}^{\bar{i}} q_i' = 1, \quad \forall i: p_i', q_i' > 0 \tag{B35}$$

genügen, stets gilt:

$$- \sum_{i=1}^{\bar{i}} p_i' \, \mathrm{ld} \, p_i' \leq - \sum_{i=1}^{\bar{i}} p_i' \, \mathrm{ld} \, q_i' \tag{B36}$$

Dazu benötigen wir die Bedingung:

$$\ln x \leq x - 1 \quad \forall x: x > 0 \tag{B37}$$

Beweis von (B37):

Wir zeigen, daß die Funktion

$$f(x) = x - 1 - \ln x \tag{B38}$$

in x_0 ihr Minimum annimmt und $f(x_0) \geq 0$ gilt.

$$\frac{df}{dx} = 1 - \frac{1}{x} \tag{B39}$$

$$\frac{d^2 f}{dx^2} = \frac{1}{x^2} \tag{B40}$$

Aus (B39) folgt $x_0 = 1$ und aus (B38) $f(x_0) = 0$. Da $\left. \frac{d^2 f}{dx^2} \right|_{x_0} = 1$,

handelt es sich um ein Minimum. ∎

Wir beginnen mit dem Beweis von (B36). Mithilfe der Beziehung (B37) schreiben wir:

$$\ln \frac{q_i'}{p_i'} \leq \frac{q_i'}{p_i'} - 1 \tag{B41}$$

Die Multiplikation mit p_i' und Summation über i ergibt:

$$\sum_{i=1}^{\bar{i}} p_i' \ln \frac{q_i'}{p_i'} \leq \sum_{i=1}^{\bar{i}} q_i' - \sum_{i=1}^{\bar{i}} p_i'$$

Aufgrund der Bedingungen (B35) und nach Auflösung von $\ln(q_i'/p_i')$ erhalten wir:

$$\sum_{i=1}^{\bar{i}} p_i' \ln q_i' - \sum_{i=1}^{\bar{i}} p_i' \ln p_i' \leq 0 \tag{B42}$$

Nach Division durch ln 2

$$- \sum_{i=1}^{\bar{i}} p_i' \frac{\ln p_i'}{\ln 2} \leq - \sum_{i=1}^{\bar{i}} p_i \frac{\ln q_i'}{\ln 2}$$

erhalten wir (B36), da für reelle $\alpha' > 0$ stets gilt:

$$\mathrm{ld}\ \alpha' = \frac{\ln \alpha'}{\ln 2} \qquad\qquad \blacksquare$$

Wir beweisen, daß H konkav ist. H ist konkav, wenn für ein $\lambda' \in [0,1]$ und für zwei Vektoren

$$P = (p_1, \ldots, p_{\bar{k}})^T = (p_k)^T$$

$$Q = (q_1, \ldots, q_{\bar{k}})^T = (q_k)^T$$

gilt:

$$H(\lambda'P + (1-\lambda')Q) - \lambda'H(P) - (1-\lambda')\ H(Q) \geq 0 \tag{B43}$$

Nach der Definition von $H^{1)}$ gilt:

$$- \sum_{k=1}^{\bar{k}} (\lambda'p_k + (1-\lambda')q_k) \text{ ld } (\lambda'p_k + (1-\lambda')q_k) \qquad (B44)$$

$$- \lambda' (- \sum_{k=1}^{\bar{k}} p_k \text{ ld } p_k) - (1-\lambda') (- \sum_{k=1}^{\bar{k}} q_k \text{ ld } q_k) \geqq 0$$

Nach einigen elementaren Umformungen erhalten wir

$$\lambda'P' + (1-\lambda') Q' \geqq 0 \qquad (B45)$$

wobei

$$P' = \sum_{k=1}^{\bar{k}} p_k \text{ ld } p_k - \sum_{k=1}^{\bar{k}} p_k \text{ ld } (\lambda'p_k + (1-\lambda') q_k)$$

und

$$Q' = \sum_{k=1}^{\bar{k}} q_k \text{ ld } q_k - \sum_{k=1}^{\bar{k}} q_k \text{ ld } (\lambda'p_k + (1-\lambda') q_k)$$

gesetzt wurde.

Nach (B36) gilt P', Q' $\geqq$ 0.   ∎

Beweis für die Konkavität von C

Wir beweisen, daß C konkav ist. C ist konkav, wenn für ein
$\lambda \in [0,1]$ und für zwei Vektoren

$$A = (a_1, \ldots, a_{\bar{k}})^T = (a_k)^T$$

$$B = (b_1, \ldots, b_{\bar{k}})^T = (b_k)^T$$

gilt:

---
[1] Vgl. Gleichung (B9)

$$C(\lambda A + (1-\lambda)B) \geq \lambda \; C(A) + (1-\lambda)C(B) \tag{B46}$$

Nach der Definiton von $C^{1)}$ gilt:

$$C(\lambda A + (1-\lambda)B = \bar{w}^T(\lambda A + (1-\lambda)B \cdot H(\bar{w} \oplus (\lambda A + (1-\lambda)B))$$

Zur kürzeren Notation schreiben wir:

$$\alpha = C \; (\lambda A + (1-\lambda)B)$$

$$\beta = \bar{w}^T(\lambda A + (1-\lambda)B)$$

$$\gamma = H \quad (\bar{w} \oplus (\lambda A + (1-\lambda)B))$$

Demnach gilt:

$$\alpha = \beta \cdot \gamma \tag{B47}$$

γ wird geschrieben als:

$$\gamma = H \left(\frac{W(s_k) \; (\lambda a_k + (1-\lambda)b_k)}{\bar{w}^T(\lambda A + (1-\lambda)B)} \right)$$

$$\gamma = H \left(\frac{\lambda W(s_k)a_k + (1-\lambda)W(s_k)b_k}{\lambda \; \bar{w}^T A + (1-\lambda)\bar{w}^T B)} \right)$$

$W(s_k)a_k$ wird durch $\bar{w}^T A \; \bar{w} \oplus A$ und $W(s_k)b_k$ durch $\bar{w}^T B \; \bar{w} \oplus B$ ausgedrückt.

$$\gamma = H \left(\frac{\lambda \bar{w}^T A}{\lambda \; \bar{w}^T A + (1-\lambda) \; \bar{w}^T B} \; \bar{w} \oplus A + \frac{(1-\lambda) \; \bar{w}^T B}{\lambda \bar{w}^T A + (1-\lambda) \; \bar{w}^T B} \; \bar{w} \oplus B \right)$$

---

[1] Vgl. Gleichung (B11)

Aufgrund der Konkavität von $H^{1)}$ gilt:

$$\gamma \geq \frac{\lambda \bar{w}^T A}{\lambda \bar{w}^T A + (1-\lambda) \bar{w}^T B} \; H(\bar{W} \oplus A) + \frac{(1-\lambda \; \bar{w}^T B}{\lambda \bar{w}^T A + (1-\lambda) \bar{w}^T B} \; H(\bar{W} \oplus B) = \partial$$

Da $\alpha = \beta \cdot \gamma$ und $\gamma \geq \partial$ gilt:

$$\alpha \geq \beta \cdot \partial$$

Der Nenner von ∂ entspricht β :

$$\alpha \geq \beta \left(\frac{\lambda \; \bar{w}^T A}{\beta} \; H(\bar{W} \oplus A) + \frac{(1-\lambda) \bar{w}^T B}{\beta} \; H(\bar{W} \oplus B) \right)$$

Nach der Definition von C gilt dann:

$$\alpha \geq \lambda \; C(A) + (1-\lambda) \; C(B)$$

2.5.1.2.2 Interpretation und Darstellung am Investitionsbeispiel

Es hat sich nach unseren im Anhang geführten Beweisen gezeigt, daß die Ungleichungskette

$$O \leq H(S|X) \leq H(S \mid M) \leq H(S) \tag{61}$$

zutrifft. Das bedeutet, daß auch für eine unscharfe Informationenmenge das Unsicherheitsmaß I nur nichtnegative Werte annimmt.[1]

$$I(M) = H(S) - H(S|M)$$

---

[1] I(M) wird in Analogie zu (54) eingeführt.

Eine unscharfe Informationenmenge vermag demnach ebenfalls die Unsicherheit bezüglich der Realisation eines Zustands zu vermindern, jedoch generell nicht in dem Maße wie eine scharfe Informationenmenge:

$$I(X) \geq I(M) \qquad (62)$$

Dieses Ergebnis wollen wir abschließend an obigem Investitionsbeispiel illustrieren.

Für $H(S|X)$ ergeben sich die folgenden Kalkulationen:

$$H(S|X) = - \sum_{l=1}^{\bar{l}} \sum_{k=1}^{\bar{k}} W(s_k|x_l) \; ld \; W(s_k|x_l) \; W(x_l)$$

Die unserem Beispiel zugrundeliegenden Daten sind bereits in den Tabellen 6 bis 9 aufgelistet. Wir erhalten damit:

$$H(S|X) = 1,42 \; \text{Bit}$$

Zur Ermittlung von $H(S|M)$ berechnen wir :

$$H(S|M) = - \sum_{m=1}^{\bar{m}} \sum_{k=1}^{\bar{k}} W(s_k|M_m^X) \; ld \; W(s_k|M_m^X) \; W(M_m^X)$$

Während die Daten für $W(M_m^X)$ bereits vorliegen,[1] berechnen wir $W(s_k|M_m^X)$ nach:

$$W(s_k|M_m^X) = \frac{W(M_m^X|s_k) \; W(s_k)}{W(M_m^X)}$$

und $W(M_m^X|s_k)$ nach:

$$W(M_m^X|s_k) = \sum_{l=1}^{\bar{l}} (x_l|s_k) \; \mu_{M_m}(x_l)$$

Diese Daten sind in den folgenden Tabellen 22 und 23 angegeben.

---

[1] Siehe 2.4.2.3, (3)

	M_1^X	M_2^X	M_3^X
s_1	1,000	0,000	0,000
s_2	1,000	0,000	0,000
s_3	1,000	0,000	0,000
s_4	1,000	0,000	0,000
s_5	0,995	0,005	0,000
s_6	0,980	0,020	0,000
s_7	0,895	0,105	0,000
s_8	0,795	0,205	0,000
s_9	0,675	0,325	0,000
s_{10}	0,480	0,520	0,000
s_{11}	0,225	0,775	0,000
s_{12}	0,045	0,955	0,000
s_{13}	0,010	0,985	0,005
s_{14}	0,000	0,980	0,020
s_{15}	0,000	0,890	0,110
s_{16}	0,000	0,780	0,220
s_{17}	0,000	0,600	0,400
s_{18}	0,000	0,420	0,580
s_{19}	0,000	0,305	0,695
s_{20}	0,000	0,200	0,800
s_{21}	0,000	0,105	0,895
s_{22}	0,000	0,020	0,980
s_{23}	0,000	0,005	0,995
s_{24}	0,000	0,000	1,000
s_{25}	0,000	0,000	1,000
s_{26}	0,000	0,000	1,000

Tabelle 22 Werte für $W(M_m^X|s_k)$

	M_1^X	M_2^X	M_3^X
s_1	0,08967	0,00000	0,00000
s_2	0,08967	0,00000	0,00000
s_3	0,08967	0,00000	0,00000
s_4	0,11956	0,00000	0,00000
s_5	0,11897	0,00056	0,00000
s_6	0,11717	0,00224	0,00000
s_7	0,10701	0,01176	0,00000
s_8	0,09505	0,02296	0,00000
s_9	0,08071	0,03640	0,00000
s_{10}	0,05739	0,05824	0,00000
s_{11}	0,02690	0,08680	0,00000
s_{12}	0,00673	0,13360	0,00000
s_{13}	0,00149	0,13790	0,00081
s_{14}	0,00000	0,13720	0,00324
s_{15}	0,00000	0,09968	0,01427
s_{16}	0,00000	0,08736	0,02854
s_{17}	0,00000	0,06720	0,05190
s_{18}	0,00000	0,04734	0,07525
s_{19}	0,00000	0,03416	0,09017
s_{20}	0,00000	0,02240	0,10380
s_{21}	0,00000	0,01176	0,11612
s_{22}	0,00000	0,00224	0,12714
s_{23}	0,00000	0,00042	0,09682
s_{24}	0,00000	0,00000	0,09731
s_{25}	0,00000	0,00000	0,09731
s_{26}	0,00000	0,00000	0,09731

Tabelle 23 : Werte für $W(s_k | M_m^X)$

Für unser Beispiel ergibt sich:

$$H(S|M) = 3,46 \quad Bit$$

Zur Ermittlung von H(S) berechnen wir

$$H(S) = \sum_{k=1}^{\bar{k}} W(s_k) \; ld \; W(s_k)$$

und erhalten mit unseren Daten:

$$H(S) \quad = \quad 4,68 \quad Bit$$

Die Unsicherheitsmaße I betragen demnach für obiges Beispiel:

$$I(X) \quad = \quad 3,26 \quad Bit$$
$$I(M) \quad = \quad 1,22 \quad Bit$$

Wir sehen, daß die Berücksichtigung der scharfen Informationenmenge die Unsicherheit bezüglich der Realisation eines Zustands
wesentlich vermindert. Jedoch leistet auch M einen nicht uner-
heblichen Betrag in dieser Richtung.

2.5.2 Zwei Spezialfälle der Bayes-Formel im unscharfen Fall

Wir betrachten für eine unscharfe Information M^X die Formel

$$W(s_k|M^X) = \frac{\sum\limits_{l=1}^{\bar{l}} W(x_l|s_k) \; \mu_M(x_l) \; W(s_k)}{\sum\limits_{l=1}^{\bar{l}} \mu_M(x_l) \; W(x_l)} \tag{63}$$

zur Berechnung der a posteriori-Wahrscheinlichkeiten $W(s_k|M^X)$.
Als abschließende Ergebnisse unserer Diskussion wollen wir zwei
Spezialfälle[1] in dieser Form zeigen.

---

[1] Vgl. dazu [TAS]-77

Dazu schreiben wir sie um in:[1]

$$W(s_k|M^X) = \sum_{l=1}^{\bar{l}} W(s_k|x_l) \; \varepsilon_l \qquad (64)$$

wobei $\varepsilon_l = \dfrac{\mu_M(x_l) \; W(x_l)}{\sum\limits_{l=1}^{\bar{l}} \mu_M(x_l) \; W(x_l)}$

ist.

Da $\forall l : \quad \varepsilon_l \geqq 0$ und $\sum\limits_{l=1}^{\bar{l}} \varepsilon_l = 1$

gilt, ist $W(s_k|M^X)$ eine Konvexkombination aller $W(s_k|x_l)$ im Parameter ε_l. Hieraus leiten wir zwei Spezialfälle ab:

(i)   Mit $\exists l^*: \mu_M(x_l) = \begin{cases} 1 & l=l^* \\ 0 & \forall l \neq l^* \end{cases}$ gilt:

$$W(s_k|M^X) = W(s_k|x_l*)$$

(ii)   Mit $\forall l : \mu_M(x_l) = 1$ gilt:[2]

$$W(x_k|M^X) = W(s_k)$$

---

[1] Der Zähler der rechten Seite von (63) wird erweitert:

$$\sum_{l=1}^{\bar{l}} \frac{W(x_l|s_k) \; \mu_M(x_l) \; W(s_k) \; W(x_l)}{W(x_l)}$$

Der Ausdruck $\dfrac{W(x_l|s_k) \; W(s_k)}{W(x_l)} = W(s_k|x_l)$

wird ersetzt.

[2] $W(s_k|M^X) = W(s_k)$ gilt allgemein, wenn

$\forall l : \mu_M(x_l) = c \, , \; c \in (0,1]$.

Dann verliert M jedoch den Charakter einer scharfen Menge.

Beide Fälle stimmen mit unserer Intuition überein.

In (i) ist μ_M zwar formal die Zugehörigkeitsfunktion einer unscharfen Information, tatsächlich hat jedoch M den Charakter
einer einelementigen scharfen Menge. In (ii) hat M zwar auch den
Charakter einer scharfen Menge, enthält jedoch keinerlei Information, da für alle x_1 der Zugehörigkeitswert $\mu_M(x_1) = 1$ ist.

3. Zusammenfassung

In unseren Ausführungen über stochastische Entscheidungsmodelle
wird zunächst das Grundmodell der normativen Entscheidungstheorie
dargestellt und daran eine Vorschau auf anschließende Modellmodifikationen angeknüpft. Die behandelten Modellmodifikationen sind
dann die Verallgemeinerung von Aktions- und Zustandsraum auf
Mengen unscharfer Aktionen bzw. Zustände. Dazu wird der Begriff
des unscharfen Ereignisses benötigt, welcher in einem gesonder-
ten Abschnitt aus dem wahrscheinlichkeitstheoretischen axiomatischen Kalkül heraus abgeleitet wird. Seine Illustration wird
an einem kleinen Beispiel gegeben.
Schwerpunktmäßig wird eine Modellmodifikation dargestellt,
welche zu einer Bayes-Analyse bei unscharf beschriebenem Realproblem führt. Komponenten dieses Modells sind Mengen unscharfer Aktionen, Zustände und Randinformationen; die beiden letzten
Komponenten stellen dabei unscharfe Ereignisse dar. Weitere Komponenten sind die Eintrittswahrscheinlichkeiten der Zustände und
die a-priori - Wahrscheinlichkeiten der Randinformationen bei
gegebenem Zustand. Dazu kommt eine Präferenzfunktion über Paare
von unscharfen Aktionen mit unscharfen Zuständen. Aus diesen
Komponenten wird eine optimale Aktion bei gegebener unscharfer
Randinformation ermittelt. Diese optimale Aktion stellt sich
dabei als unscharfe Menge dar.

Die angesprochenen Modelle werden an einem von H. Tanaka, T. Okuda und K. Asai in seinen Grundzügen bereits beschriebenem Beispiel zur Auswahl des günstigsten Investitionsprojekts illustriert.
Es wurde festgestellt, daß das Problem der Wahl einer durchzusetzenden Entscheidung in Modellen, die Aktionen als unscharfe Mengen repräsentieren, noch nicht befriedigend gelöst wurde. Als durchzusetzende Entscheidung wird dabei diejenige Aktion als Element des scharfen Aktionenraums verstanden, welche nach geeigneten Kriterien als optimale Aktion und damit als Ergebnis des gesamten Entscheidungsfindungsprozesses gilt.

Die von T. Okuda, H. Tanaka und K. Asai vorgeschlagene Vorgehensweise zur Ermittlung der optimalen durchzusetzenden Aktion aus der optimalen unscharfen Aktion wird als der Realität nicht adäquat erscheinend abgelehnt, insbesondere deswegen, weil keinerlei Nutzenbemessungen in deren Kalkül eingehen. Aus diesem Grunde wurde ein Verfahren erarbeitet und vorgeschlagen, die optimale durchzusetzende Aktion realitätsadäquater zu ermitteln. Die Realitätskonformität der dazu aufgestellten und teilweise aus vorhergehenden Beziehungen abgeleiteten Prämissen sollte jedoch Gegenstand zukünftiger Forschungen sein.

Den Abschluß der vorliegenden Arbeit bilden Überlegungen im Rahmen einer vergleichenden Analyse der scharfen und unscharfen Informationen bei Anwendung der Bayes-Analyse. Zunächst wird gezeigt, daß ein Entscheidungsfindungsprozeß mit Eingang von Randinformationen - sei es unscharfer oder scharfer - zu besseren Ergebnissen führt. Die dafür notwendigen Gütekriterien wurden der einschlägigen Literatur entnommen; sie sind der totale Erwartungsnutzen optimaler Aktionen bei gegebener scharfer bzw. unscharfer Informationenmenge und die Entropie als Unsicherheitsmaß für die Realisation von Zuständen. Es wird bewiesen, daß auch eine unscharfe Informationenmenge die Unsicherheit bezüglich der Realisation eines Zustands zu vermindern vermag.

LITERATURVERZEICHNIS

[ALB]- 62   ALBACH, H., "Die Prognose im Rahmen unternehmerischer
             Entscheidungen", in: Giersch, H./Bochard, K.
             (Hrsg.), Diagnose und Prognose als wirtschafts-
             wissenschaftliche Methodenprobleme, Schriften
             des Vereins für Socialpolitik, Neue Folge, Bd. 25,
             Berlin 1962

[ALB]- 69   ALBACH, H., "Informationswert", in: Grochla, E. (Hrsg.),
             Handwörterbuch der Organisation, Stuttgart 1969

[BEC]- 66   BECKER, R., "Theorie der Wärme", Berlin, Heidelberg,
             New York 1966

[BER]   BERNOULLI, D., "Specimen theoriae novae de mensura
             sortis", in: Commentarii academicae scientiarum
             imperialis Petropolitanae, Jg. 5 (1738), S. 175 -
             192; deutsche Übersetzung (durch Alfred Prings-
             heim): "Versuch einer neuen Theorie der Wertbe-
             stimmung von Glücksfällen", Leipzig 1896

[BEZ]- 70   BELLMAN, R.E./ZADEH, L.A., "Decision Making in a Fuzzy
             Environment", Management Science 1970, S. B 141 -
             B 164

[BIR]- 76   BITZ, M./ROGUSCH, M.,"Risiko-Nutzen, Geldnutzen und
             Risikoeinstellung - Zur Diskussion um das Ber-
             noulli-Prinzip", Zeitschrift für Betriebswirt-
             schaft 1976, S. 853 - 868

[BOR]- 69   BORCH, K., "Wirtschaftliches Verhalten bei Unsicher-
             heit", Wien, München 1969

[CHM]- 67   CHERNOFF, H./ MOSES, L.E., "Elementary Decision Theory",
             5. Auflage, New York, London, Sydney 1967

[COK]- 75   COENENBERG, A.-G./KLEINE-DOEPKE, R., "Zur Abbildung
             der Risikopräferenz durch Nutzenfunktionen -
             Stellungnahme zur Kritik Jacobs und Lebers am
             Bernoulli-Prinzip", Zeitschrift für Betriebswirt-
             schaft 1975, S. 663 - 665

[DEG]- 70   De GROOT, M.H., "Optimal statistical decisions", New
             York, London 1970

[DIN]- 69   DINKELBACH, W., "Entscheidungsmodelle", in: Grochla,
             E. (Hrsg.), Handwörterbuch der Organisation
             Sp. 485-496, Stuttgart 1969

[DLT]- 72   De LUCA, A./TERMINI, S., "A Definition of Nonproba-
            bilistic Entropy in the setting of Fuzzy Sets
            Theory", Information and Control 1972, S. 301 -
            312

[FEY]- 68   FEY, P., "Informationstheorie", Berlin 1968

[FIS]- 70   FISZ, M., "Wahrscheinlichkeitsrechnung und mathema-
            tische Statistik", 5. Auflage, Berlin 1970

[FOR]- 77   FORTET, R., "Elements of probability Theory", London,
            New York, Paris 1977

[FRE]- 57   FRENCKNER, T.P., "Betriebswirtschaftslehre und Ver-
            fahrensforschung", Zeitschrift für handelswissen-
            schaftliche Forschung 1957, S. 65ff.

[GÄF]- 74   GÄFGEN, G., "Theorie der wirtschaftlichen Entschei-
            dung - Untersuchung zur Logik und Bedeutung
            des rationalen Handelns", 3. Auflage, Tübingen
            1974

[GOG]- 68   GOGUEN, J.A., "The Logic of inexact Concepts", Synthese
            19, 1968/69, S. 325 - 373

[GRÜ]- 69   GRÜN, O., "Entscheidung", in: Grochla, E. (Hrsg.),
            Handwörterbuch der Organisation,Sp. 474 - 484,
            Stuttgart 1969

[GUT]- 62   GUTENBERG, E., "Unternehmensführung, Organisation
            und Entscheidungen", Wiesbaden 1962

[HLP]- 34   HARDY, G.H./ LITTLEWOOD, J. E./POLYA, G., "Inequalities",
            Cambridge University Press, London 1934

[HEM]- 53   HERSTEIN/MILNOR,"An Axiomatic Approach to Measurable
            Utility", Econometrica (21), S. 291 - 297, 1953

[IRL]- 71   IRLE, M.,"Macht und Entscheidungen in Organisationen",
            Frankfurt am Main 1971

[JAC]- 74 JACOB, H., "Unsicherheit und Flexibilität - Zur Theo-
           rie der Planung bei Unsicherheit", Zeitschrift
           für Betriebswirtschaft 1974, S. 299 - 326

[JAL]- 76 JACOB, H./LEBER, W., "Bernoulli-Prinzip und rationale
           Entscheidung bei Unsicherheit", Zeitschrift
           für Betriebswirtschaft 1976, S. 177 - 203

[KER]- 74 KERN, W., "Operations Research", 5. Auflage, Stuttgart
           1974

[KIR]- 71 KIRSCH, W., "Entscheidungsprozesse", Bd. II: "Infor-
           mationsverarbeitungstheorie des Entscheidungs-
           verhaltens", Wiesbaden 1971

[KOB]- 74 KOCHEN, M./BADRE,A. N., "On the Precision of Adjectives
           which denote Fuzzy Sets", Journal of Cybernetics
           1974, S. 49 - 59

[KOC]- 74 KOCH, H., "Die Problematik der Bernoulli-Nutzentheorie",
           Jahrbücher für Nationalökonomie und Statistik
           1974, S. 193 - 223

[LAU]- 76 LAUX,H., "Zur Entscheidung bei Fehlen objektiver
           Wahrscheinlichkeiten", Zeitschrift für Betriebs-
           wirtschaft 1976, S. 59 - 68

[LEB]- 75 LEBER, W., "Zur Rationalität von Entscheidungskri-
           terien bei Unsicherheit", Zeitschrift für
           Betriebswirtschaft 1975, S. 493 - 497

[LUR]- 57 LUCE, R.D./ RAIFFA, H., "Games and Decisions - Intro-
           duction and Critical Survey", New York, London,
           Sydney 1957

[MAR]- 65 MARKOWITZ, H.M., "Portfolio Selection", 2. Auflage,
           New York, London, Sydney 1965, S. 205 ff.

[MAR]- 54 MARSCHAK, J., "Towards an Economic Theory of Organi-
           zation and Information", in: Thrall, R.M./Coombs,
           C.H./Davis, R.L. (Hrsg.), Decision Processes,
           New York, London 1954

[OTA]- 74 OKUDA, T./TANAKA, H./ASAI, K., "Decision-Making and
           Information in Fuzzy Events", Bulletin of Uni-
           versity of Osaka Prefecture, Series A, Vol. 23,
           No. 2, 1974

[OTA]- 75 OKUDA, T./ TANAKA, H./ASAI, K., "A Formulation of
           Fuzzy Decision Problems with Fuzzy Information
           Using Probability Measures of Fuzzy Events",
           7th International Conference on Operations
           Research, Tokio, 1975

[PET]- 67 PETERS, J., "Einführung in die Informationstheorie",
           Berlin, Heidelberg, New York 1967

[PFO]- 72 PFOHL, H.-C., "Zur Problematik von Entscheidungs-
           regeln", Zeitschrift für Betriebswirtschaft
           1972, S. 305 - 336

[REH]- 73 REHBERG, J., "Wert und Kosten von Informationen",
           Frankfurt/Main, Zürich 1973

[RIC]- 54 RICHTER, H., "Indirekte Wahrscheinlichkeitstheorie",
           Math. Annalen 1954, S. 305 - 339

[RÖD]- 75 RÖDDER, W., "Ein Beitrag zur Verknüpfung unscharfer
           Mengen", Vortrag bei EURO I, Brüssel, Jan. 1975,
           Paper No. 54

[RÖZ]- 77 RÖDDER, W./ZIMMERMANN,H.-J., "Analyse, Beschreibung
           und Optimierung von unscharf formulierten Pro-
           blemen", Zeitschrift für Operations Research
           1977, S. 1 - 18

[SAN]- 53 SANDIG, C., "Die Führung des Betriebes-Betriebswirt-
           schaftspolitik", Stuttgart 1953

[SAV]- 54 SAVAGE, L.J., "The Foundations of Statistics", New
           York, London 1954

[SER]- 74 SCHNEIDER, D., "Inv`estion und Finanzierung", 3. Auf-
           lage, Opladen 1974

[SHE]- 54 SHEPPARD, D. "Everyday quantitative expressions as
           measurements of quantities", British Journal
           of Psychology 1954, S. 40 - 50

[SHW]- 49 SHANNON, C.E./WEAVER, W. "The mathematical theory
           of communication", The University of Illinois
           Press, Urbana, Ill., Paperback 1963

[SIM]- 60 SIMON, H.A., "The New Science of Management Decision",
           New York 1960

[SOM]- 76 SOMMER, G., "Zur Diskussion über optimale Entschei-
           dungen bei unscharfer Problembeschreibung",
           Zeitschrift für Betriebswirtschaft 1976,
           S. 921 - 923

[SOM]- 77a   SOMMER, G., "Lineare Ersatzprogramme für unscharfe
              Entscheidungsprobleme - Zur Optimumbestimmung
              bei unscharfer Problembeschreibung", Zeitschrift
              für Operations Research 1978, S. B1 - B24

[SOM]- 77b   SOMMER, G., "An Algorithm for Choosing the Optimal
              Crisp Solution out of the Optimal Fuzzy Set of
              Solutions", Proceedings of the 6th Nordic Congress
              on Operations Research NOAK 77, Abo, Finnland
              1977, S. 99 - 106

[STA]- 70   STANGE, K., "Angewandte Statistik", Teil I, Berlin,
              Heidelberg, New York 1970

[SWE]- 67   SCHNEEWEISS, H., "Entscheidungskriterien bei Risiko",
              Berlin, Heidelberg, New York 1967

[SZA]- 74   SZANIAWSKI, K., "Two Concepts of Information", Theory
              and Decision 1974, S. 9 - 21

[SZW]- 74   SZYPERSKI, N./WINAND, U., "Entscheidungstheorie",
              Stuttgart 1974

[SZY]- 71   SZYPERSKI, N., "Vorgehensweise bei der Gestaltung
              computergestützter Entscheidungssysteme", in:
              Grochla, E. (Hrsg.), Computergestützte Entschei-
              dungen in Unternehmungen, Wiesbaden 1971

[TAS]- 77   TANAKA, H./SOMMER, G., "On posterior probabilities
              concerning a Fuzzy Information", Depotteil "Die Be-
              triebswirtschaft", Poeschel-Verlag, Stuttgart
              1977

[TEI]- 71   TEICHMANN, H., "Die Bestimmung der optimalen In-
              formation", Zeitschrift für Betriebswirtschaft
              1971, S. 745 - 774

[TOA]- 76   TANAKA, H./OKUDA, T./ASAI, K., "A Formulation of
              Fuzzy Decision Problems and its Application to
              an Investment Problem", Kybernetes, Vol. 5,
              S. 25 - 30, 1976

[TRI]- 73   TRIBUS, M., "Planungs- und Entscheidungstheorie
              ingenieurwissenschaftlicher Probleme", Braunschweig
              1973

[WEN]- 75   WENZEL, F., "Entscheidungsorientierte Informations-
              bewertung", Opladen 1975

[WET]- 73   WETZEL, W., "Statistische Grundausbildung für Wirt-
             schaftswissenschaftler", Bd. II. Schließende
             Statistik, Berlin, New York 1973

[WHI]- 75   WHITE, D.J., "Decision Methodology, A Formalization
             of the O. R. Process", New York, London, Sydney,
             Toronto 1975

[WIT]- 68a   WITTE, E., "Die Organisation komplexer Entscheidungs-
             verläufe", Zeitschrift für betriebswirtschaft-
             liche Forschung 1968, S. 581 - 599

[WIT]- 68b   WITTE, E., "Phasen-Theorem und Organisation komplexer
             Entscheidungsverläufe", Zeitschrift für betriebs-
             wirtschaftliche Forschung 1968, S. 625 - 647

[WIT]- 69   WITTE, E., "Entscheidungsprozesse", in: Grochla, E.
             (Hrsg.), Handwörterbuch der Organisation
             Sp. 497 - 506, Stuttgart 1969

[YAB]- 75   YAGER, R./BASSON, B., "Decision Making with Fuzzy
             Sets", Decision Sciences (U.S.) 1975, S. 590 - 600

[ZAD]- 65   ZADEH, L.A., "Fuzzy Sets", Information and Control
             1965, S. 338 - 353

[ZAD]- 68   ZADEH, L.A., "Probability Measures of Fuzzy Events",
             Journal of Mathematical Analysis and Applications
             1968, S. 421 - 427

[ZAD]- 73a   ZADEH, L.A., "Outline of a New Approach to the Analy-
             sis of Complex Systems and Decision Processes",
             IEEE Transactions on Systems, Man, and Cybernetics
             1973, S. 28 - 44

[ZIM]- 73   ZIMMERMANN, H.-J., "Entscheidungstheorie", in: Manage-
             ment-Enzyklopädie, Ergänzungsband, München 1973

[ZIM]- 75   ZIMMERMANN, H.-J., "Optimale Entscheidungen bei unschar-
             fen Problembeschreibungen", Zeitschrift für be-
             triebswirtschaftliche Forschung 1975, S. 785 -
             795

[ZIM]- 76a   ZIMMERMANN, H.-J., "Description and Optimization of
             Fuzzy Systems", International Journal of General
             Systems 1976, S. 209 - 215

[ZIM]- 76b   ZIMMERMANN, H.-J., "DFG-Arbeitsbericht 1975/76: Un-
             scharfe Entscheidungsprobleme" im DFG-Schwerpunkt
             "Empirische Entscheidungstheorie", Aachen 1976

[ZIM]- 76c   ZIMMERMANN, H.-J., "Optimale Entscheidungen bei mehreren
             Zielkriterien", Zeitschrift für Organisation
             1976, S. 455 - 460

Notice.

The main parts of the considerations
above have been published in English
entitled:

"FUZZY BAYES-DECISION MAKING",
Proceedings of the Fifth International
Meeting on Cybernetics and Systems
Research (EMCSR '80), R. TRAPPL, Ed.,
Hemisphere Publishing Corporation,
Washington, 1980